認知科学のフロンティア

ロボット化する子どもたち

「学び」の認知科学

渡部信一＝著

大修館書店

認知科学のフロンティア

ロボット化する子どもたち

……「学び」の認知科学

目次

ロボット化する子どもたち

はじめに

「学ぶこと」が楽しかった時代

子どもの頃から私は、一所懸命に勉強するタイプではなかった。どちらかと言えば、外で遊んでいる方が数倍楽しかった。学校でも、国語や算数の授業よりは、体育の時間や美術の時間が好きだった。そして、多くの子どもたちと同じように、給食の時間や放課後を心待ちにしていた。

しかし、改めて「勉強は嫌いか」とたずねられれば、自信を持って「嫌いだった」とは言えない。例えば、毎月買っていた『子供の科学』は、隅から隅までおもしろがって読んでいた。そして何より、その付録はとても魅力的で、毎回ワクワクしながら植物や昆虫の観察、そして様々な科学の実験をしていたことを覚えている。また、人類が初めて月に降り立ったことをテレビのリアルな映像で知ったとき、私は宇宙に関する本を買い集め夢中になって読んだ。そんなことを思い返すと、私もけっこう「学ぶこと」を楽しんでいた。

多くの人と同じように、私の人生で最も集中して勉強したのは大学受験の時だろう。確かに苦しいことはたくさんあったが、この勉強が将来の幸せにつながることを考えると、やる気も沸いてきた。「学ぶこと」が単純に自分の将来に結びつくと考えていた。

大学に入学すると（これも当時のほとんどの大学生がそうだったように）、ほとんど講義には出席しなかった。喫茶店で本を読んで時間をつぶし、夜になると居酒屋で友達や先輩や後輩とワイワイ騒いで酒を呑んでいた。酒を呑みながら彼らと交した議論のほとんどは、たわいもないテーマだった。しかし、今思い出せるだけでも、その中に私の人生を左右するような「学び」が確実に三つはある。

このように自分の人生を振り返ってみると、一所懸命に勉強するタイプでは決してない私でも、結構楽しんで色々なことを学んできたことに改めて気づく。そして、そのような「学び」、特に学校や大学の授業以外の場で学んだことが、自分の人生にとって大きく影響していることに驚かされる。さらに、「このような学ぶことの楽しみが、現在の子どもたちや若者にもあるのだろうか？」と考えてしまう。

いつの頃からか、子どもたちや若者にとって「学び」は楽しいものではなくなってしまった。さらに、「なぜ学ぶのか？」という「学び」の目的すら喪失しているように思える。一体、私が子どもだった頃と現在、たった三〇年か四〇年の間に、何が変わってしまったのだろう？　そして今後、「学び」の目的や「学び」の楽しさを取り戻すために、私たちはどうすればよいのだろう？

高度情報化社会と「学び」の崩壊

二〇世紀後半から二一世紀にかけての最も大きな社会の変化は、工業社会から高度情報化社会への移行であろう。特に二一世紀になり、ますます高度情報化が加速しているように見える。私たちの周囲を取り巻く情報の量は莫大で、常に増大している。しかも、高度情報化社会はあいまいで複雑、さまざまな情報が複雑に絡み合っている。あるいは、常に情報の意味やその情報自身が変化し続けている。

そのような高度情報化社会の中で、今、「学び」に大きな行き詰まりが感じられる。まず、子どもたちや若者に、将来の目標がなくなっている。そして、「学び」の目的がなくなっている。高度経済成長期には、明確な「学び」の目的があった。一所懸命に勉強してよい大学に入り、よい会社に就職すれば、誰しもが幸せになれる。その目標に向かい、たとえ今はつらいとしても頑張って勉強しよう。目的や目標があっての「学び」は、たとえその瞬間はつらいと感じても、その根底には「目的や目標に向かって頑張っている」という大きな喜びがある。あるいは、科学技術の著しい発達と高度経済成長期の中で、これまで見たこともなかったような「モノ」がどんどん身近なものになり、これまで経験したこともなかったことが実際に経験できるようになった。それに伴い、これまでは知らなかった、想像さえできなかったことを「学ぶ」という喜びも大きくなった。最先端の科学技術、宇宙、そして人間の脳や身体に関する新しい研究などがどんどん発表され、子どもたちや若者は目を輝かせてそのことを勉強しようとしていた。

そのようなイキイキとした「学び」は、一体どこに行ってしまったのだろう？　高度情報化時代になり学ばなければならないことがますます増えているというのに、「学び」に対する子どもたちや若者の意欲は減退するばかりである。今、この高度情報化社会に何が起こっているというのだろう？

「よい大学に入る」という目標のある子どもたちは、まだ幸せなほうかもしれない。そのような目標を失った子どもたちにとって、「学び」とは一体何を意味するのだろう？　一昔前ならば、家業を継ぐとか、大工の棟梁に弟子入りするという選択肢もあった。しかし現在、継ぐべき家業のある家庭はどれほどあるのだろう？　大多数の日本の父親は、サラリーマンになってしまった。「よい大学に入る」という選択肢を持たず、また家業を継ぐという選択肢もない子どもたちにとって、「学び」は自分とは全く関係のないことと感じているに違いない。

「よい大学に入る」という目標のある子どもたちは、まだ幸せなほうかもしれないと書いた。しかし近年、そのような子どもたちの中でも凶悪犯罪が急増している。私が子どもの頃は、問題を起こす子どもはいわゆる「不良」と呼ばれる勉強のできない子どもたちだった。しかし最近、問題を起こす子どもが「勉強もそこそこできるごく普通の子ども」であると聞き、かえって将来に対する不安が増してくる。さらに気味が悪いことは、殺人などの重大な犯罪を犯した子どもが、その後、普段と全く変わらない生活を送っていたという事実である。これはもう、「子どもたちの奥深いところにある本質的な何かがくるっている」としか考えようがない。

▨現代若者の「学び」事情

子どもたちがバランスを崩していることが問題視されてから、すでに長い時間が経過してしまった。そして、彼らは大学生あるいは就職する年齢にまでなっている。最近の学生と接していて大きな違和感を持っているのは、私だけではないだろう。一言で言い表すならば「妙にまじめ」なのである。確かに、私の勤務する大学特有の特徴なのかもしれないが、今の学生の講義への出席率は昔と比較できないほどよい。そして、教員の話すことを一所懸命ノートにとっている。しかし一方で、クラブ活動やサークル活動に参加している学生の数は極端に少なくなっている。また、私たちの頃には日常的に行われていた友達同士（あるいは先輩や後輩）で呑みながら議論するということはほとんど見かけなくなった。夜、飲屋街を千鳥足で行き交うのは、学生ではなくサラリーマンが圧倒的に多い。酒を呑みながら人生について語ることなど若者文化からはとうの昔に追い出され、「おやじのすること」になってしまったのかもしれない。このような現在の学生にとって、「学び」とは講義の中にだけ存在するものなのかもしれない。逆に言えば、今の若者にとって、「生活の中で学ぶ」ことはほとんどなくなってしまった。

さらに、現代の若者を象徴する言葉として最近、「ニート」という言葉を良く耳にするようになった。「NEET」とは、「Not in Employment, Education or Training」の略語で、直訳すると「就業、就学、職業訓練のいずれもしていない人」になる。もう少しわかりやすく言えば、学生でもなく、仕事もせず、求職活動もしておらず、主婦（主夫）でもない者をさす。以前よく耳にした

「フリーター」は、ニートに含まれない。フリーターは、「他に自分がしたいことがあり、生活のためにアルバイトをする」「自分が本当にしたいことを探すため、取りあえずいろいろな仕事をしてみる」などその動機は様々であっても、一応は仕事に就いていたり、一時的に仕事がなくても仕事を探しているという状態にある。それに対し、ニートは始めから働くという意味での社会参加に対する意欲を喪失している。社会参加に対する意欲を喪失している彼らは、当然「学ぶ意欲」も喪失しているだろう。

以上のように現代若者の「学び」事情を概観しても、「学ぶこと」に対する目的がなくなっていることに気づく。自分は何のために今、学んでいるのか？　自分の将来の目標のために今、何を学べばよいのか？　そのようなことがほとんど明確になっていない。したがって当然のことながら、「学び」の喜びがなくなっている。一昔までは当たり前であった「学ぶことは楽しいこと」という認識さえ、現代の若者にとっては「他人事」である。

このような高度情報化社会の中で一体、私たち大人は子どもたち（保育園児から大学院生、そして生涯教育まで含めて）に対し、今後どのような「学び」を準備したらよいのだろうか？　これまでよく話題にされてきたように「きめ細やかな指導」をさらに徹底することが、本当に彼らの「学び」を助けることになるのだろうか？

二一世紀の「学び」はどうなるのだろう？

これまでの教育や「学び」には大原則があった。「正しい知識を簡単なものから複雑なものへ、ひとつひとつ系統的に積み重ねていけば効果的に学ぶことができる」という前提である。これは学校教育に限らず、私たちがより良く生きていくための「学び」の大原則としても広く受け入れられてきた。この原則の背景には、世の中には必ず正しい知識あるいは正解というものが存在するという思い込みがある。たとえ今、自分は知らないとしても、どこかに真実がきっとあるはずだ。だからこそ、一所懸命勉強して正しい知識を獲得し、それらを積み重ね、そして真実を見つけださなければならない。私たちは、これまでこのように考えてきた。

知識人とはたくさんの正しい知識を蓄積している人のことを意味したし、ビジネスを成功させるためには可能な限り多くの関連する知識を学ばなければならないとされた。そして、子どもを持つ親は、我が子が有名大学に入学し最先端・最高水準の知識を学ぶことを望んだ。今まで私たちが大切にしてきた知識は積み重ねることもできるし、系統的に分類することもできる。間違った知識は無視したり捨ててしまい、正しい知識だけ受け入れていれば良かったのである。

しかしながら、私たちは、「知」にはもうひとつの側面があることを漠然と感じていることもまた事実である。それは、しばしば「身体が覚えている」とか「経験によって知っている」と表現されるような、とてもあいまいな「知」である。「これが正解です」と言えない場合だってある。「正解とも言えるし、不正解とも言える」ということすらある。しかし、それもまた私たちには必要な

「知」であることを、誰しもが気づいている。しかし現実には、そのような「知」は教育現場で極力排除され、明確な知識だけが重視されてきた。特に、学校教育では間違ったことは教えられないし、正しいかどうかわからないことも取り扱うことは避けられてきた。

確かに、二〇世紀までの工業社会では、「世の中には必ず正しい知識あるいは正解というものが存在する」という考え方が正しいように思えた。そして「正しい知識を簡単なものから複雑なものへ、ひとつひとつ系統的に積み重ねていく」という教育が、社会にとって好都合だったと言えるかもしれない。しかし、二一世紀の高度情報化社会は、あいまいで複雑である。私たちの周囲を取り巻く情報の量は莫大で、常に増大している。しかも、さまざまな情報が複雑に絡み合っており、また情報間の境界も見えづらい。あるいは、常に情報の意味やその情報自身が変化し続けている。そのような高度情報化社会の教育は、二〇世紀の工業社会における教育とは必然的に異なったものにならなければならない。

そろそろ教育や「学び」に関して、少し本質的なところから検討し直す時期にきているのかもしれない。これまでの「正しい知識を簡単なものから複雑なものへ、ひとつひとつ系統的に積み重ねる」という常識を一旦白紙に戻した上で、これまであまり着目されてこなかった「知」の側面をも含め、改めて二一世紀の高度情報化社会における教育や「学び」を考えてみたい。

ロボットの「学び」という視点

本書には、他の本にはないひとつの大きな特徴がある。人間の「学び」を検討する視点として、ロボットの「学び」と自閉症児の「学び」というふたつの視点を取り入れているという特徴である。本書には、子どもたちの「学び」、人間の「学び」、自閉症児の「学び」、そしてロボットの「学び」における本質は全く同じであるという前提がある。しかし、自閉症児は「学び」に関して非常にデリケートであり、一般の「学び」探求では気づかないような貴重な知見が得られるというメリットがある。また、ロボット開発は、ともすれば様々な条件が複雑に絡み合い論理的な検討が難しい人間の「学び」探求に対し、論理的な検討を強く求めるという点でメリットがある。論理的な整合性を少しでも欠いただけで、ロボットは全く動かなくなってしまうのである。

さて、そのロボットの「学び」であるが、本書では一九八〇年代に起こった「フレーム問題」と呼ばれるロボット開発における行き詰まりに着目する。一九八〇年以前、つまり「フレーム問題」が起こる以前、ロボット開発の研究者はひとつの基本方針を持っていた。その基本方針とは、「ロボットを人間に近づけるために、ロボットにさせたいことをひとつひとつ系統的にプログラムしていく」というものだった。コンピュータの著しい発展と研究者の努力によって、一九八〇年までにかなり性能の優れたロボットが完成した。そのロボットは、人間の指示に間違いを犯すことなく忠実に従うことができた。研究者は完成したロボットを実用化しようと、実験室から私たちが生活している場にロボットを運び出した。そして、「フレーム問題」にぶち当たった。「フレーム問題」とは、簡単に言えば、あいまいで複雑な日常の世界（つまり、無限とも言えるほどの情報があふれている世界）のなかで、ロボットが、あるいはコンピュータがどの情報を処理したらよいのかがわからず機能停止してしまうという問題である。人間ならば、自分が行おうとしている活動にとって必要な情報だけを、無限に存在する情報の中からフレームで囲うことによって取り出し、その取り出した情報だけを処理し活動に利用することができる。しかし、活動すべきことを人間によって「ひとつひとつ系統的にプログラムされた」ロボットにとって、目的の活動に必要な情報と必要でない情報とを区別することは不可能なことであった。この行き詰まりの最も大きな原因は、「この世の中はあいまいで複雑である」、つまり「日常世界には無限と言えるほど多くの情報があふれている」ということを設計の段階で考慮していなかったことである。それまでのロボット開発は、あいまいさがなく環境の変化も少ない実験室で行われていた。しかし、実験室での開発が成功し、それでは普通の世の中に出してみようとした瞬間、ロボットは一歩も動けなくなってしまった。「あいまいで複雑な日常」の中で自然に振る舞うことは、予想以上に困難なことだったのである。

こうして非常に興味深いことなのだが、「フレーム問題」にぶち当たった研究者は、「ロボットにさせたいことをひとつひとつ系統的にプログラムしていく」という基本設計では、人間に近いロボットを作ることは不可能であると結論づけてしまった。そして、それまでとは全く異なる設計のための基本方針を持つようになった。つまり、研究者は、ロボットの活動はロボット自身が環境の中で学ぶように設計しようと考え始めたのである。

ここで、私は我に返る。そして、次のような疑問がフツフツとわき上がってくる。

《現在の子育てや教育も、これまでのロボット開発と同じような誤りを犯しているのではないだろうか？》

これまでの「正しい知識を簡単なものから複雑なものへ、ひとつひとつ系統的に積み重ねていけば効果的に学ぶことができる」という教育の大前提に対し、ロボット開発の現場から大きな問い直しを迫られているのである。

▒自閉症児の「学び」という視点

さて本書では、ふたつ目の視点として、自閉症児の「学び」を取り上げる。私は、「学び」に関しては非常にデリケートな自閉症の子どもたちと三〇年近くつきあいながら、「学び」の本質について考えてきた。

自閉症は重度のコミュニケーション障害を持ち、学習能力も非常に低い場合が多い。障害を持たない子どもたちは多少教え方が悪かったとしても、何とか自ら努力することにより学習することが可能である。しかし自閉症児は、教え方やつきあい方がまずいと、なかなか「学び」が成立しない。また、せっかく学んだと思っても、それが他の場面で生かせない。そして、苦労して学んだことても、すぐに忘れてしまったりする。彼らは「学び」に対して、非常にデリケートなのである。

図　保育園の頃の晋平（数字、アルファベット、ひらがな、カタカナ……整然と並んだ記号が大好き）

そんな彼らは、とてもロボット的な特徴を持っている。写真は自閉症児・晋平の幼いころの写真である（渡部 一九九八a）。手には、お気に入りの「あいうえおボード」をしっかりと抱えている。晋平は小さい頃から、数字やアルファベット、ひらがな、カタカナが大好きだった。しかし、お勉強好きとは少し違う。晋平の好きなのは、純粋に「整然と並んだ記号」なのである。

リンゴの絵を見ながら「かなブロック」を使って「り・ん・ご」と並べたり、「し・ん・ぺ・い」と自分の名前を作って喜んだりは全くしない。晋平が「記号」を使って熱中することはただひとつ、「きちっと順番通りに並べる」ことだけ。「あいうえお、かきくけこ、さしすせそ……」がきちっと並んでいないと満足しない。この「きちっと並んでいる」ということには、とことんこだわるのである。例えば、お母さんが一緒に遊ぼうとして晋平が遊んでいる横に座り、「し・ん・ぺ・い」と「かなブロック」で作ろうものなら、表情ひとつ変えず即座に手が飛んできてそれを壊すという。彼にとって、「し」という記号の次に来るものは「しんぺい」の「ん」ではなく、「さしすせそ」の「す」でなければ絶対に許すことはできないのである。

さらに、自閉症の特徴として「こだわり」がよく話題になる。彼らのこだわりには、感心させられるほどである。例えば、学校では掃除をするために一度椅子と机をまとめて後ろに移動する。そして、掃除が終わったならば、それを元の位置に戻す。ところが晋平は、その「元の位置」が一ミリでもずれることを許さない。私などには気づかないほどのずれでも、きちっと椅子と机を元の位置に戻すのである。

椅子と机を元の位置に戻すという「こだわり」なら大いに結構と思われるかもしれない。ところが、私たちには理解不能なこだわりもしばしば出現する。例えば小学校の頃の晋平は、登校し自分の靴を靴箱に入れるのに三〇分かかった。何にこだわっているのかじっくり観察してみると、どうも靴を靴箱に入れるときの軌跡のようだと気がついた。晋平にとって、その軌跡が自分の思い描いた軌跡と少しでもずれることが許されないらしい。あたかも計測器で誤差が判明したかのように、彼は何度も何度も同じ行動を繰り返すのである。

このような自閉症の子どもたちとつき合っていると、「なんだかロボットみたい」と思わずにはいられない。そして、彼らもロボットと同じように、あいまいで複雑な世の中で苦しんでいるんだなあと思ってしまう。どう彼らを支援していけば、あいまいで複雑で、しかも予想外のことであふれている日常社会の中で何とかうまくやっていけるような人間に成長してくれるのだろう？　そのような課題に、私は三〇年間とりくんできた。例えば晋平に対しては、母親と話し合うことにより、一般に普及している自閉症児に対する指導法、つまり「身につけさせたいことをひとつひとつ丁寧に教え込んでいく」という方法はとらないことにした。その代わりに、様々な経験を子どもたちや普通の社会の中で積み重ねることにより「晋平自らの学び」を育てていくという実践を行ってきた。新しいロボット開発の考え方と同様に、晋平自身が様々な環境や状況の中に身を置くことで獲得する「自らの学び」を支援していく、という基本方針で晋平を育てていくことにしたのである。

本書の第三部では、このような実践やそこから見えてきた「学び」のメカニズムについて紹介する。

▒本書の構成

ここで、本書の構成を簡単に紹介しておく。まず、本書では、二〇世紀の「学び」探求を振り返り検討することによって、二一世紀の「学び」探求の方向性を示すことを目的とする。その際、狭い意味での「学び」探求にとどまらず、ロボット開発における「学び」の視点、自閉症教育における「学び」の視点をも検討の視点として取り入れることにより検討の幅を広げる。そして、二一世紀における「学び」探求の新しい方向性を探っていく。

本書では、以下のように章を進める。

第一章から第四章では、二〇世紀における「学び」の探求を、ロボット開発の視点を取り入れながら振り返る。第一章では、二〇世紀初頭まで歴史をさかのぼり、現在の「学び」に関する常識がどのように作られてきたのかをみる。二〇世紀前半、それまで哲学の一分野だった心理学は、科学的に人間に対しアプローチするための方法論を見つけ出そうと必死だった。彼らは「科学的でない」という理由により人間の心に対する探求をやめ、その対象を客観的に観察でき分析可能な「行動」に限定し行動主義心理学を生み出した。このような自然科学的な枠組みを重視しようとする流れの中で、「学び」は刺激と反応の結合という大きな枠組みの中で考えられるようになる。つまり、基本的に「特定の刺激（S）と特定の反応（R）が結びつくことによって学習が生じる」と考える「学習理論」に結実していく。二〇世紀中頃に完成した「学習理論」は、その後「ティーチングマシン」と呼ばれる刺激提示装置やコンピュータと結びつくことにより、現在でも教育現場に大きな影響を及ぼしている。

第二章では、行動主義心理学にかわり二〇世紀中頃台頭した認知心理学について紹介する。認知心理学は、コンピュータ・サイエンスの情報処理理論がその理論的な背景となって生まれた。つまり、人間の頭の中で起こっていることを探求しようとする場合、コンピュータという機械の構造やメカニズムのアナロジーとして（類似のものとして）考えようとする。認知心理学は「学び」に関しても様々なモデルを提案し、それを実際にコンピュータでシミュレーションするという試みも行われた。それはとりもなおさず、コンピュータと人間の脳をだぶらせて考える「人工知能」の研究に他ならない。このようにして、私たちが学ぶとき頭の中で何が起こっているのかというメカニズム探究が、一方ではロボットの脳である人工知能研究に、そして一方では教育現場に広がっていく。

第三章では、ロボット開発の現場で一九八〇年代に突然生じた研究の行き詰まりと、その後に起こった開発のパラダイムシフトについて紹介する。一九七〇年代まで順調に発展してきたロボットの脳、つまり人工知能の研究が一九八〇年代に突然行き詰まってしまった。その最大の原因は、それまで実験室で成功を修めてきたロボットを、あいまいで複雑な日常社会の中で試してみようとしたことによる。この出来事は、「ロボットにさせたいことを、ひとつひとつ系統的にプログラムする」という設計の基本方針が限界にきていることを明確に物語っていた。研究者は、これまでのやり方ではロボットが人間に近づけないと考えるようになり、新たな開発の方向性を探り始める。

第四章では、一九八〇年代に起こったロボット開発の行き詰まりがきっかけとなり、心理学や文化人類学など他の領域がコンピュータ・サイエンスを中心に急速に接近し「認知科学」という学際的な学問領域が活躍し始めたことを、特に教育や「学び」という視点から紹介する。そこでは、それまでの実験室ではなく「現場で何が起こっているのか」に着目されることになり、ひとつの考え方の枠組みとして、人間の「知」は状況との相互作用によって浮かび上がってくると考える「状況的学習論」が主張されることになる。

さて、第一章から第四章で紹介した二〇世紀の「学び」探求をうけ、第五章から第七章では二一世紀の「学び」探求の方向性を探っていく。第五章では、日本に昔から伝わる「学び」というものを振り返る。そこでは、アメリカの母親が「教え込み型」育児だったのに対し日本の母親は「しみ込み型」育児を行っているとする東の研究や、伝統芸道で採用されている「模倣」「非段階性」「非透明な評価」といった特徴を持つ学習方法に関する生田の研究などを紹介し、現在ほとんど忘れかけられている日本の「学び」を再度思い出していただく。

第六章では、高度情報化時代における「学び」について検討する。現在、私たちの周囲を取り巻く情報の量は莫大で、常に増大している。しかも、それらの情報は複雑であいまいであり、さまざまな情報が複雑に絡み合っている。そして、常に情報の意味やその情報自身が変化し続けている。さらに、eラーニングという新しい「学び」のスタイルも普及しつつある。私たちは、そんな情報化社会の中で、どのように「学び」を続けていったらよいのだろうか？

第七章では、日本に昔から伝わる「学び」と高度情報化社会における「学び」という、一見相反する特質を持つふたつの「学び」から二一世紀の「学び」を検討していく。つまり、この一見全く異なった方向性を持っているように思われるふたつの「学び」が、実は二一世紀の「学び」を検討していく上で非常に重要であると私は考えている。結論を言えば、日本の「学び」こそ、つまり「しみ込み型の学び」こそ高度情報化時代に最も適した「学び」のスタイルであると私は考えているのである。

第八章から第一〇章では、自閉症児の「学び」という視点から、これまでの検討を振り返る。重度のコミュニケーション障害を持つ自閉症児は「学び」に対しても非常に繊細であり、私たちが普段見逃している教育の本質的な側面に気づかせてくれる。第八章では、従来から一般的に実施されてきた自閉症児に対する教育が、現在、大きな行き詰まりに陥っていることをいくつかのエピソードを通して示す。それは、ロボット開発の現場で一九八〇年代に突然生じた行き詰まりと全く同様の行き詰まりであり、「あいまいで複雑な日常」のなかで学んでいくことの難しさを示している。

第九章では、自閉症児が他の子どもたちと関わるなかでどのように学んでいくか、そのメカニズム解明を試みる。ひとつの実例として保育園に通っている太郎に対する二年にわたる観察から、太郎が自ら学んでいくための力を獲得する過程を明らかにする。さらに、太郎が子どもたちの中で獲得した「しみ込み型の学び」のモデル化を試みる。

第一〇章では、自閉症児・晋平に対する一五年間の関わりを振り返る。晋平は重度の自閉症児で、幼児期には言語の理解・表出とも全くなく、母親とも視線が合わない、数字や記号に対する強いこだわり、偏食、奇声、多動などが顕著に認められた。しかし、私は母親と話し合うことにより「簡単なことから複雑なことへ、ひとつひとつ丁寧に系統的に、そして積極的に指導していく」という従来の一般的な障害児教育の方法論はあえて採用せず、周りの人々や環境・状況との関係性を大切にしながら子どもが本来持つ「自ら学ぶ力」の発達を支援していく《丁寧な子育て》と呼ばれる考え方のもとに晋平に関わってきた。その結果、晋平は予想を超える著しい発達を見せた。晋平に対する一五年間を振り返り、何が晋平の「学び」に影響したのかを探っていく。

繰り返しになるが、本書ではロボット開発における「学び」の視点と自閉症教育における「学び」の視点を検討の視点として取り入れながら、二一世紀の「学び」の方向性を探っていく。そして、日本に昔から伝わる「学び」と高度情報化社会における「学び」という、一見まったく異なった方向性を持っているように思われるふたつの「学び」が、実は二一世紀の「学び」を検討していく上で非常に重要であることを示す。本書で私は、日本の「学び」こそ、つまり「しみ込み型の学び」こそ高度情報化時代に最も適した「学び」のスタイルであることを提唱したいのである。

第一部

二〇世紀の「学び」探求を振り返る

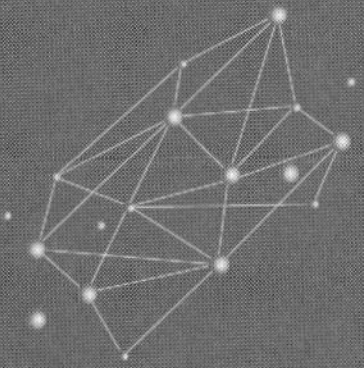

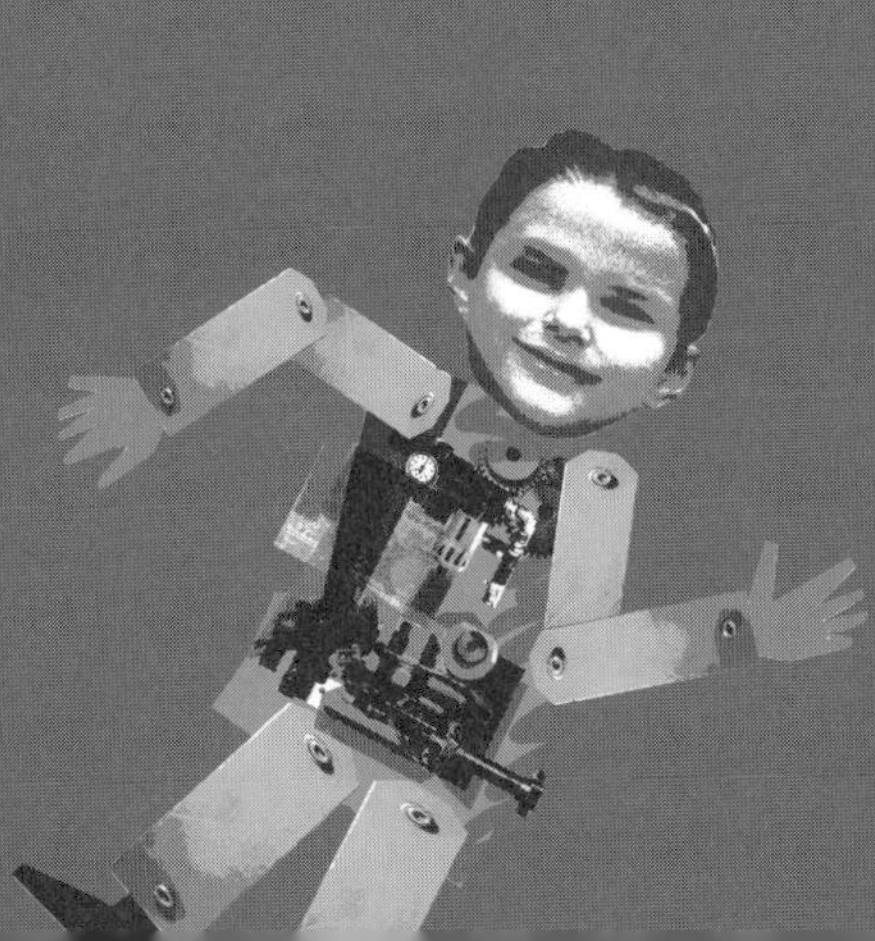

第一章 「学び」の常識が作られるまで

▨科学的学習研究ことはじめ

「私に一ダースの健康でよく育った乳児と、彼らを養育するための私自身が自由にできる環境とを与えてほしい。そうすれば、そのうちの一人を無作為に取り上げて、訓練して私が選ぶどのような型の専門家にでも育てることを保証しましょう。——医師、法律家、芸術家、大商人、そう、乞食や泥棒にさえも。彼の才能、好み、傾向、適性、先祖の民族に関係なく。」(Watson 1930)

このように語り世間にセンセーションを巻き起こしたのは、二〇世紀前半、心理学の領域で最も影響力を持っていたアメリカの心理学者J・B・ワトソンである。ワトソンは一九一三年、「行動主義者から見た心理学」という論文を発表し、行動主義心理学のスタートを宣言した。ワトソンに始まり、B・F・スキナーで集大成される行動科学、特に行動主義心理学に基づいた「学習理論」

は、現在の教育観や学習観にも大きな影響を及ぼしている。

本章では、現在「学び」の常識となっているひとつの考え方が作られるまでを見ていくことにしよう。


「学び」に関する研究といえば、一般的には心理学がその主な役割を担っているが、一九世紀以前の心理学は少し事情が異なっていた。一九世紀以前、心理学は哲学の一分野だった。心理学者は「私の心とはいったいどのようなものなのだろうか」とアームチェアに座りパイプたばこをくゆらしながら考えていた。それまでの心理学が、ある種非難の意味を込めて「アームチェア・サイコロジー」と呼ばれる由縁である。

ところが一九世紀、学問の世界では自然科学が大きな研究成果を上げ、「科学でなければ学問ではない」という風潮が社会に広がるに従い、多くの心理学者が何とかして心理学を「自然科学」に仲間入りさせようと考え出した。そして、人間が示す様々な行動について着目し始めた。ここでは、「こころ」や意識を主観的に語るような非科学的な活動は否定され、客観的に観察可能な行動だけが心理学の対象とされたのである。そして、「学び」についても行動のひとつとして研究の対象となっていく。つまり、学習することによって当然その人の行動は変わるわけで、その変わった行動から「学び」というものを検討しようとしたわけである。

私たちは「学習」あるいは「学び」というと、学校で行う「勉強」のことを思い浮かべることが多い。しかし、よく考えてみれば「学習」や「学び」は日常生活の中でもいたるところで起こっている。例えば、朝起きてテレビをつけ、「今日の天気は？」とチャンネルを回す。これは以前、同じ時間にそのチャンネルで天気予報をやっているのを学んでいたから知っていたのである。時間を気にしながら、パンをトースターに入れる。でも、なぜパンをトースターに入れたのか？　私は、パンをトースターに入れてスイッチを入れればパンがこんがり焼けておいしく食べられることを知っているから、そのようにした。では、なぜ知っているのか。それは、以前それを経験によって学習したからである。急いで着替えて、家を出る。道を横切ろうとしたら、信号が赤に変わったので立ち止まる。なぜ、私は赤信号で立ち止まるのか。それは、赤信号で渡ると交通事故にあう確率が非常に高いことを以前の経験から学習していたからである。このように考えると、私たちは学校ばかりでなく、日常生活のいたるところで学習している。つまり、そのひとつひとつの行動が「学習されたもの」なのである。

▨アルバート坊やの「恐怖の条件づけ」

ワトソンの行った実験のうちで最も有名なものは、何と言っても「アルバート坊やの実験」であろう。これは別名「恐怖の条件づけ」とも呼ばれる悪名高き実験でもある。

まずワトソンは、生後九カ月になったアルバート坊やに対し、白ネズミ、ウサギ、イヌ、サル、毛のついたお面、毛のついていないお面、脱脂綿などを見せた。それに対しアルバート坊やは当初、何の反応も示さなかった。次にワトソンは、鋼鉄の棒をアルバート坊やのそばでたたいたところ、この衝撃音に対しては恐怖を示した。このような予備テストを行った二カ月後、ワトソンの「恐怖の条件づけ」が始められた。

アルバート坊やは生後一一カ月になっていたが、ワトソンがバスケットから白ネズミを取り出してアルバート坊やに見せると、左手をネズミの方に伸ばそうとした。彼がネズミに触れた瞬間、すかさずワトソンは背後で鋼鉄棒を激しく叩いた。アルバート坊やは驚き、前向きに倒れ、マットレスに顔をうずめた。しばらくしてさらに、アルバート坊やは右手をネズミにのばしかけた。ネズミに触れた瞬間、ワトソンは再び鋼鉄棒を激しく叩く。アルバート坊やは激しく飛び上がり、前向きに倒れ今度はすすり泣きを始めた。

その後もワトソンは、アルバート坊やに対し同様の試み、つまりネズミと鋼鉄棒を激しく叩く音の結合を繰り返した。その結果、アルバート坊やはネズミを見ただけで泣き出すようになってしまった。ネズミを見た瞬間、アルバート坊やは体を左へねじりながら倒れ、四つんばいで大急ぎで逃げ出したのである。

このようにしてワトソンは、白ネズミを条件刺激、鋼鉄棒を激しく叩く音を無条件刺激とした条件づけ試行を行い、白ネズミに対する恐怖反応をアルバート坊やに形成した。つまり、アルバート坊やは白ネズミが怖いということを学習したのである。その後、ワトソンは白ネズミに類似した他の毛のある刺激、例えばウサギ、イヌ、あざらしの毛皮、脱脂綿、サンタクロースのお面などをアルバート坊やに見せた。すると、アルバート坊やは白ネズミと同様に恐怖の反応を示したという。すなわち、白ネズミに対して学習した恐怖心が他の刺激にまで般化したのである。

この実験は、ワトソンの理論を端的に示したものとされている。彼は、どれほど複雑な行動であっても最終的には単純な刺激と反応の結合、つまり「条件反射」によって形成可能であると考えた。そして、ほとんどの行動は学習された行動であり、したがって、心理学の中心テーマは、学習の法則の追求であるとした。この考え方は、その後の「学び」研究や教育の現場に大きく影響を及ぼすことになる。

図 1-1　アルバート坊やの実験場面（Buckley 1989）

一歩一歩学習していく

ワトソンの考え方を最も純粋に受け継いだ研究者B・F・スキナーの特徴は、現実的に観察できる行動だけに着目し、それを徹底的にコントロールしようとしたところにある。スキナーは環境をいろいろ操作し、それぞれの環境条件の下でどのような行動が生ずるのかを徹底して記述した。そのような記述が多数蓄積されれば行動の法則が明らかになり、どのような環境条件の下ではどのような行動が起こるのかも予測できるし、またある行動をさせるためにはどのような環境条件を整えればよいのか、つまり行動の制御（コントロール）も可能になると考えた（Skinner 1938）。

そのような考え方を持っていた彼は、「スキナー箱」と呼ばれる装置を用いて有名な実験を行っている。スキナー箱にはレバーがついていて、このレバーを押せば自動的にエサが出るような仕組みになっている。スキナー箱の中に入れられたラットは、最初意味もなく箱の中を動き回っている。そのうち偶然、レバーを前足で押す。するとスイッチが入り、マガジン（エサの貯蔵庫）の中から小さなエサの粒がチューブを通ってレバーの下にあるエサ皿に転がり出る。そして、ラットはエサを食べることができる。ラットは、レバーを押すとエサが出て来るという体験を何度か積み重ねることによって、「レバーを押すとエサが出て来る」ということを学習する。さらに、スキナーはもっと効率的にこのことをラットに学習させようとした。

例えば、最終的な目標は「レバーを押すとエサが出て来る」ということの学習としよう。スキナーが考え出したことは、最初はエサを与える基準を甘くするということであった。つまり、まず初めはレバーの方向を向いただけでエサを出す。そしてそれが学習されると次には、少し基準を厳しくしてレバーに接近すればエサを出す。さらに次は、レバーに触れた時にエサを出す。そして最後に、レバーを押したときにだけエサを出すようにする。このように、学習させたい行動を徐々に形成して行くのである。

目標の行動が形成されたとき、その行動を強化するためにエサなどの報酬を与えるやり方を「オペラント」と呼び、先に示したように少しずつ基準を厳しくしていき最終的に目標に到達させるやり方を「シェーピング（反応形成）」と呼ぶ。スキナーの考え出した方法では、これらの方法をうまく用いながら、目標とする行動をより効率的に学習させるのである。

スキナーは、後に次のような主張をしている。

「行動はすべて環境の産物であり、しかるべき手順さえ踏めば、環境の操作によってヒト・動物の別を問わず、どのような行動でも形作れるし、またコントロールも可能である。（Skinner 1971）」

一見無謀とも思えるこの学習理論は、その後「科学的である」という理由で、「学習」の基本原理として学校教育などに広く浸透していくのである。

二〇世紀前半に大流行した学習理論

イルカのショーは、水族館では大人気である。おそるおそるプールサイドに立つ子どもたちの頬にジャンプしたイルカがキスをすると、会場からは感嘆の声と共に大きな拍手が起こる。子どもたちは（そして一部の純粋な心を持つ大人たちも）「あのキスはお友達になった印なんだ」と感激し、愛をキスという行動で表現した賢いイルカに感動する。

しかし、多くの人たちは、あのキスは「愛の印」なんかではないということを知っている。イルカはただ、その後にもらえるイワシのために、あたかも「愛の印」のようなキスのまねをしているだけなのだと。そして、物知りな大人は言うだろう。「調教師の笛の合図が条件刺激で、キスの後にもらえるイワシは無条件刺激。そして、……結局は、単なる条件づけがなされているだけさ」と。

スキナーの考え方は、動物園やサーカスなどでしばしば子どもたちを喜ばせている動物の調教に最も良く反映されている。もし、動物が本来可能であるような行動であればどのようなものでも、それを私たちが望む場所や時間に出現させることができるのである。

ところで、少し冷静になって考えてみれば気づくのだが、スキナーの「学習理論」には、学習者の気持ちやその時その場所でその行動をとる「意味」というものが全く考慮されていない。調教によって身に付いた動物の行動は、ある特定の場（例えば、イルカショー）では役だっても、日常生活では何の意味もなさない。

しかし、このような「学習理論」が現在の教育現場でも根強く支持されていることもまた事実である。私はそれが不思議でしょうがない。確かに多くの先生や親御さんは、「私は子どもを調教なんかしてないわ」と言うだろう。そして実際、そのような意識などなく、子どもたちと接しているのだろう。

しかし、現実にはどうだろう？

「テストの成績が上がったら、新しいゲームソフトを買ってあげるよ。」

「○○点取ったらよい大学に入れるんだから、がんばりなさい。」
なんだかんだ言っても、「学習理論」は現在でも根強く生き残っている。

▨アメーバから人間まで

ところで、スキナーの実験が人間ではなくラットを使ったことに違和感をもたれた方も多いことだろう。しかし、二〇世紀前半の心理学実験では、ハト、イヌ、ネコ、チンパンジーなどの動物を使うことが多かった。私たちが知りたいのは人間のことで、イヌやネコ、チンパンジーのことではない。そんな、読者の声が聞こえてくる。しかし、彼らが全く人間のことを無視していて、その関心は動物にあったのかと言えば、そうではない。彼らの研究には、「動物の実験で明らかになったことは、そのまま人間にも当てはまる」という大前提があったのである。

その大前提を作ったのが、かの有名なC・ダーウィンである。ダーウィンは、一八三一年、南半球の大陸沿岸や群島の実態を調査するために出航した英国の軍艦ビーグル号に、博物学の調査員として乗り込んだ。当時大学を卒業したばかりの二二歳だった彼は、五年間の航海の間に、アルゼンチンやガラパゴス諸島に棲むカメ、トカゲ、トリなど動物種間の形態の相違が、環境への適応による変化を現しているのではないかとの着想を得たのである。

その後ダーウィンは、この経験を『種の起源』にあらわし、進化論の考え方を発表した（Darwin 1859）。これは良く知られているように、動物の種は一定不変ではなく、何万年という長い年月のうちに環境の変化に適応する自然淘汰の圧力を受け、漸進的な進化が見られるというものである。

さらに、ダーウィンは『人類の起源』で、「心理的能力について人間と動物とでは、その程度こそ著しく異なりはするが、質的には異なるものではない」という考え方を表明した（Darwin 1871）。

このような、種間の知的能力の差異を連続的なものと見るダーウィンの考え方はその後、英国の心理学者モーガンの「心理的尺度」という概念に受け継がれていく。モーガンは、アメーバから人間までの心的能力には一直線上に乗るような尺度が存在し、下等から高等までがその尺度上にきれいに位置づけられるものであるとした（モーガンの公準（Morgan 1894））。

このようにして、動物の心と人間の心とを同じように扱い、心理的尺度に従って、人間の心的機能をできうるかぎり単純な下等動物でも示す行動で表現すべきだとする考え方が正当化されると、「人間のことを知るために動物実験を行う」ことが盛んに行われるようになる。それと同時に、科学的ではないという理由により、人間の「こころ」は無視され「行動のみ扱う」ことが正当化されるようになった。

こうして、「人はどのように学んでいるのか」ということの探究は、刺激と反応の結合だけで論じようとする「学習理論」に収束されていったのである。

「学習理論」のその後

一九二〇年から一九五〇年に最盛期を迎えた行動主義心理学は、このようにして「学習理論」という大きな研究成果に結実した。「学習理論」では、基本的に「特定の刺激（S）と特定の反応（R）が結びつくことによって学習が生じる」と考える。その背景には、客観的に観察可能な行動だけが自然科学的心理学の研究対象なのだという考え方と、アメーバから人間まで同じ行動原則が適応できるという考え方があった。

その後、人間を含めた様々な動物に対しひとつの刺激を与えたとき、何らかの行動変化が生じればそれは「学習した」と見なされ、その刺激と反応の対を探し出すための研究が爆発的に盛んになった。それは「教育」という観点から見れば、目標とする学習を成立させるためには、どのような課題を与えればよいのかという議論を意味する。こうして、「学習理論」の考え方がひとたび教育の現場に導入されると、「プログラム学習」と呼ばれる学習方法に応用され発展していくことになる。

「プログラム学習」では、ひとつのテーマを教えようとしたときそれを丸ごと教えるのではなく、いくつかの細かな項目に分解する。そして、その項目を一組の「問いと答えの対」にし、簡単なものから複雑なものへと構成し直す。それを生徒に一問ずつ提示して解答させ、そのつどその正誤をフィードバックするという学習方式である。

このような「プログラム学習」は、一九六〇年代に工学研究と結びつき、「ティーチングマシン」

と呼ばれる刺激提示装置の発明をもたらした。当初この「ティーチングマシン」は、単純な電気回路を組み合わせただけのものであったが、個別学習に効果があることがわかると瞬く間に普及していった。それにともない、そのプログラムの開発も盛んに行われた。

「学習理論」の提唱者スキナーは、自ら開発した「ティーチングマシン」について、「生徒がティーチングマシンとプログラム教育を利用すれば、普通の教室で勉強する場合に比べて二倍の効率で学べるだろう」と述べている（Skinner 1961）。

そして一九八〇年代後半、パーソナル・コンピュータが爆発的に普及すると、これまでは単純な電気回路を組み合わせただけの「ティーチングマシン」がコンピュータに置き換えられて行く。そして、「教育工学（Educational Technology）」と呼ばれる新しい学問分野が誕生したのである。教育工学の領域では特に、教育をコンピューターの支援によって行うという試み、つまり「CAI：Computer-Aided Instruction」が中心的なテーマとして研究が盛んに行われている。

「学習理論」の考え方は、確かに工学の考え方に近いものがある。そして、「問いと答えの対」を簡単なものから複雑なものへ生徒に一問ずつ提示して解答させ、そのつどその正誤をフィードバックするという学習方式自体も工学的な装置になじみやすい。つまり、機械的に一歩一歩ステップを踏んで教師の意図や目的に即して学習をコントロールするということが「学習理論」によって正当化される。

そして現在、流行の兆しを見せているのがeラーニングである。このような流れの中でeラーニングを考えてみると、確かに違和感は少ない。二〇世紀前半に提唱された「学習理論」に基づき、ひとつひとつ正しい知識を系統的に、コンピュータやインターネットを活用して効率的に学んでいく。それが正統的なeラーニングであると考えている人がほとんどではないだろうか。

しかし私は、このような流れを安易に継承しているかぎりeラーニングは破綻することを免れないと考える。その理由は、その後の研究が物語っているのであるが、本章では最後に、学校という教育の場において「学び」がどのように捉えられてきたかをまとめておこう。

図1-2　新しい学びのスタイルであるeラーニング

学校教育的パラダイム

子どもたちは、多くの時間を学校で過ごす。昔は、「しつけ」は家庭で行い、学校では勉強だけ行ってきた。しかし最近では、「しつけ」を含め子どもの教育すべてを学校で行うことを希望する親が急増している。

ところで、その「学校」だが、一般には以下のような考え方のもとに教育が行われてきた。

まず教師は、子どもたちを科学的に評価しなければならない。ここで言う「科学的」とは、客観的、分析的にという意味である。あの子はかわいいから好き、あの子は自分に逆らうから嫌いというように、主観を入れてはならない。誰が評価しても同じ結果が出るような方法を用いて評価しなければならない。その最も信頼できる手段が「テスト」である。テストは、子どもの能力を客観的に現すことができる。

また、ただ客観的に評価するだけではなく、何が得意で何が苦手かを明らかにしなければならない。この点においてもテストはそれぞれの知識領域を分析的に評価することができる。このように考えると、子どもの学力を評価する最も有効な手段はテストであるということになる。

そして、さらに都合のよいことに、テストによって得られた数値は、統計的に処理することにより平均値を明らかにすることができる。平均値が明らかになれば、担当している子どもが同じ条件の子どもたちと比べてどのような特徴を持っているのかを知ることができる。国語は得意であるとか、算数は苦手であるということもわかる。さらに、漢字の書き取りは同じ条件の子どもたちの中で、上位一〇パーセント以内にはいるということまでわかってしまうのである。そのような考え方の行き着いた先が、知能指数（ＩＱ）や偏差値という発想であった。

さて、子どもの知能を科学的に明らかにできたならば、次にすべきことは、よりよい方向に子どもたちを導くことである。ここで「よりよい方向」とは、例えば足し算ができたら、次は引き算というように、より高度な知識体系の獲得を意味する。これを最も明確な形で示したのは、心理学者のピアジェであろう。ピアジェは、子どもたちの学習が一般的にどのように発達するかを研究し、それを段階づけた。人間は個々に多少の違いはあるものの、共通した発達の様相を示す。例えば、一歳を過ぎた頃には独り立ちできるとか、二歳になれば友達の名前が言える、というように。これが、発達段階である。この基準に当てはめてみれば、担当している子どもの発達がどのくらい進んでいるのか、あるいはどのくらい遅れているのかが科学的に明らかにできる。これまでの心理学では、ピアジェの考え方に従って、この発達段階をできるだけ詳細に設定するための研究が続けられてきた。

子どもの能力、あるいは発達段階が明らかになったならば、教師は学習の目標を立てる。発達段階のより高いところに目標を置くのは当然であるが、子どもに対する評価に従って、能力のある子どもは一挙に数段階先に目標を設定することもある。逆に、障害があったり能力の低い子どもに対しては現在と目標の間を狭く、いわゆる「スモール・ステップ」で指導しなければならない。目標が設定できたら、あとはできるだけ効果的にその目標を達成するだけである。そのために教師は、いろいろな教授方法を勉強する。

「どのように教えたら子どもたちにわかってもらえるか」「どのような教材を用いれば短時間で子どもたちの理解を引き出せるか」を教師は一所懸命考え工夫する。そのために、多くの本を読んだり、研修を受けたりするのである。

つまり、学校教育において最も重要なことは、独断や偏見を捨て子どもたちを客観的・分析的に理解すること、子どもの発達段階と能力にあった目標を設定すること、そしてできるだけ効果的、効率的な教授法を用いて子どもたちの理解を促すことである。

以上のような考え方の枠組みは、ある意味で非常に常識的である。しかし繰り返しになるが、その後の「学び」に関する研究成果は、その考え方が必ずしも正しいものではないという証拠を次々と明らかにしていくことになる。そして現在、そのような考え方の弱点が、私たちが最も恐れていた形で表面化している。

第二章　頭の中で何が起きているのか

▒コンピュータ誕生と認知心理学

教育現場では現在でも根強く残っている「学習理論」を生み出した行動主義心理学だったが、当の心理学の領域では一九五〇年代に大きな衰退を見せる。その背景には、心を捨て行動のみを研究対象としていた心理学者の中に鬱積していた「やはり心について研究したい」という願望があった。

そして、行動主義心理学の代わりに台頭してきたのが、認知心理学である。認知心理学の誕生には、ひとつのおおきな背景があった。一九四〇年代のコンピュータの誕生である。当時、コンピュータはめざましい発展を遂げており、また同時にその理論的基礎として「情報処理理論」が提唱され始めていた。このような社会状況の中で、この考え方の枠組みが人間にも当てはまるのではないかと考える心理学者が増えてきた。つまり、コンピュータが情報を入力してから出力するまでに内部で行っている処理の方法を、人間の「頭の中で起こっていること」とだぶらせて考えることが可能なのではないかと考える研究者が増えてきたのである。

こうして、それまでの行動主義心理学では「行動の変容」とされていた「学習」は、認知心理学においては「人間（の頭の中）というシステム内部の変化」ととらえられるようになっていく。そして学習は、「記憶すること」とほとんど同じ意味でとらえられ検討されるようになる。つまり、頭の中にある記憶の貯蔵庫にどのように情報を取り入れるかということが学習研究の中心テーマとなっていくのである。

例えば、認知心理学の中心的人物D・A・ノーマンは『認知心理学入門―学習と記憶』の中で「学習、記憶、行動は相互に関連した話題である。記憶研究は情報がどのように保持され、そして使うためにどのように検索されるかを強調する傾向がある。学習研究は情報の獲得を強調する傾向があり、行動研究は情報がどのように使用されるかを強調する」と書いている（Norman 1982）。

一九五〇年代から一九七〇年代にかけてヒトを被験者とした数多くの精緻な実験が行われ、さまざまな学習モデル（＝記憶モデル）が提唱された。さらに、「頭の中で起こっていること」を中心テーマとする認知心理学は、必然的に「脳」にも関心が向き、脳の神経回路網をシミュレーションした認知学習モデルなども提唱されることになる（Rumelhart 1977）。

本章では、一九五〇年代から一九七〇年代、心理学において最も活発に研究を進めた認知心理学の研究成果に関して、「学び」という視点から概観してみたい。

「学び」が脳で行われているという常識

最初に、人間の「学び」が頭の中、つまり脳で行われていると考えられるようになった理由を復習しておきたい。私たちは現在、「学び」は脳で行われていると考えている。さらに、人間の知識や行動のコントロールもすべて脳が行っていると考えている。しかし、このような考え方が「常識」になったのは意外と最近のことなのである。

一八六一年四月、フランスのビセトル病院外科医P・P・ブローカのもとに、ルボルニュという名の五一歳の男が運ばれてきた。ブローカが見ると、左足の甲からおしりにかけて、つまり左足全体が重度のおできで埋め尽くされていた。そこでブローカは、その患者に、足の病気はどうしておこったのかを質問してみた。すると患者は、左手で身ぶりをしながら「タン、タン」と二度つづけて言うだけだった。

ブローカが患者の病歴を調べてみると、この患者は二一年前から話すことができず、話せることと言えば「タン」という言葉と、おこったときに「バカ野郎」という言葉を発するだけだった。ブローカは、この患者を「失語症」であると診断した。

六日後、この患者は死亡した。ブローカはさっそく、脳の解剖を行った。そして、この患者の脳の左半球の一部が損傷していることを発見したのだった。ブローカは、その損傷した脳の部分が言語をつかさどっていたと判断し、それを学会で発表した。この研究は学会で認められ、その後多くの研究者たちが、人間の様々な活動と脳の一部分を結びつけるという研究に打ち込むことになったというわけである。

ブローカに始まった「人間の様々な活動と脳の一部分を結びつけるという研究（脳の機能局在論）」を飛躍的に前進させたのが、W・ペンフィールドによって一九五〇年代に行われた「電気刺激による過去の意識の再現」という非常に有名な実験である。

重度のてんかん発作を持つ患者の外科的な治療を行っていたペンフィールドは、側頭を開頭した患者（手術中も部分麻酔で完全な意識を持ち続けている）が、露出した脳の一部を電気的に刺激されると、過去の記憶を鮮明に想起するという劇的な事実を発見した。患者たちは、まるで映画の一シーンでも見ているように、過去を生き生きと再体験した。ある患者にはかつて見物したことのある野球の試合という視覚的な情景が、また別の患者には、楽器が奏でる歌曲という聴覚的記憶が鮮明によみがえった。歌曲を「聞いた」患者は、確認のために同じ部位を刺激される度に、何度も同一の旋律を思い出したという。

「それはいつも同じ楽章から始まり、合唱部から独唱部へ移っていった。聞こえてくる曲に合わせてハミングさせてみると、テンポはいつも同じだった」と言う（ペンフィールド　一九八七）。

ペンフィールドの研究成果は、人間が過去のものごとを正確に思い出すことができるのは、それらのものごとのイメージが脳のある特定の部所に刷りこまれ、そのままずっと保存されているためだということを示していた。つまり、まさしくコンピュータにおけるデータベースのように、さまざまな出来事を一定の仕方でデータ化し、それを個々の「メモリ細胞」に振り当てているということである。そして、何かを想起するとは、これらのデータを検索して引き出すことだし、また、忘れるとはなんらかの神経の故障によって「ファイルを検索できなくなった」ということになる。つまり、脳の記憶とはあらゆる知覚情報を含んだ「マルチメディア・データベース」のようなものなのである。

初期の記憶モデル：二重貯蔵モデル

記憶モデルとして提唱されたものは多数あるが、ここではその中でも一九六〇年代に最も信頼性が高いと評価されていた「二重貯蔵モデル」について紹介しよう。

二重貯蔵モデルでは、人間の記憶を短期記憶（Short Term Memory）と長期記憶（Long Term Memory）のふたつに分けて考える（図2-1）。このモデルでは、外界からの情報は感覚情報としてきわめて短時間そのままの形で感覚登録器（Sensory Register）に保持される。感覚登録器内の情報を長期記憶と照合し符号化する過程がパターン認知である。認知された情報は短期記憶に送りこまれ、長期記憶との相互作用によりさらに高次のレベルで処理され精緻化される（精緻化リハーサル）。また短期記憶内に情報を保持するためには維持リハーサルが不可欠である。

長期記憶に転送された情報は、脳損傷などによる特別の損傷を受けない限りは、ほぼ永久的に保持される。つまり、長期記憶は短期記憶とは異なり、容量に限界がなく、一度長期記憶に入った情報は忘却されることがないと考えられている。ここで最も重要な働きをするのが制御機構（Control Process）であり、ここで種々の記憶システムの制御を行う。

さて、実際の実験では、例えば被験者は一〇〜一五個の簡単な単語を一語ずつ一定の速さで提示されて、それらを記憶するように指示される。その後、それらを再生するように指示されるが、一般に単語が提示された位置（何個めに提示されたか）によって再生率に差異が生じる。通常はリストの最初の部分（初頭性効果）と最後の部分（新近性効果）の再生率が高く、中央の部分の単語の再生率は低くなる。

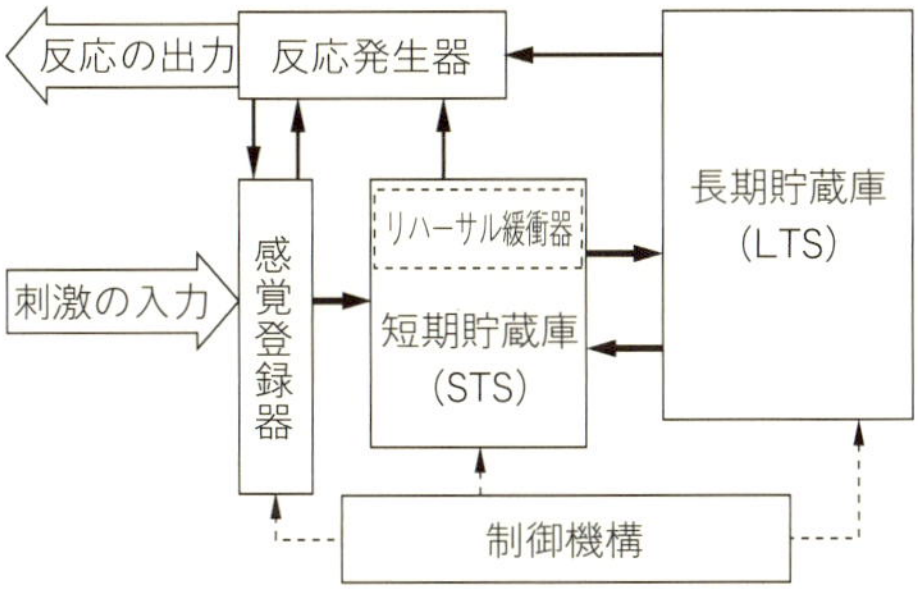

図 2-1　二重貯蔵モデル（Shiffrin & Atkinson 1969）

ところが、記憶してから再生するまでの間に三〇秒程度の簡単な計算作業を行うと、リストの最後の部分の単語だけが影響を受け、再生率が低下する。このような実験結果から、人間の記憶には計算作業の挿入によって影響を受ける一時的な記憶、すなわち短期記憶と、影響を受けない強固な記憶、すなわち長期記憶があると考えられたのである（Shiffrin & Atkinson 1969）。

二重貯蔵モデルが支持されるもうひとつの論拠は、神経生理学的研究のデータである。例えば、B・ミルナーらはてんかんの治療のため海馬付近の手術を受けた患者について詳細に検査を行った。患者は、新聞を読んだり文章を書いたりする一般的な知的能力は全く障害を受けず、数字や文字の記憶実験の成績も正常であった。ところが、手術後に経験した出来事に関しては長く記憶しておくことができないことがわかった（順行性健忘症）。ミルナーらは、この患者は短期記憶が可能にもかかわらず、それを長期記憶に転送することができないと解釈し、二重貯蔵モデルの妥当性を示すものとしたのである（Milner 1966; Milner *et al.* 1968）。

▨プロダクションシステムへの発展

認知心理学は、一九六〇年代、短期記憶、長期記憶の発見に代表される記憶研究において大きな発展を見せた。そしてこれらの記憶研究は、一九七〇年代初め、A・ニューウェルらのプロダクションシステム（Production System）の考え方につながっていく（Newell 1973）。その背景には、コンピュータの著しい発展に伴い、知的なふるまいをするコンピュータ、つまり人工知能（AI：Artificial Intelligence）を実現するための研究が急激に起こってきたということがあった。プロダクションシステムは、人間の知的なふるまいを人工知能（ＡＩ）にシミュレーションするための知的表現のひとつであり、まさに「ロボットの脳」のプログラムにあたる。

プロダクションシステムは、いくつかのプロダクション（production）からなるが、プロダクションとは「もし〜ならば、〜する」という形で表現されるルールである。例えば、「もしお腹がすいたならば、ラーメンを食べる」というのはひとつのプロダクションである。ここで「もし〜ならば」をプロダクションの条件（condition）と呼び、「〜する」を行為（action）と呼ぶ。これらは、例えば「もしお腹がすいて、しかも時間に余裕がなく、しかもお金もあまり持っていなければ、近くの食堂に行き、ラーメンを食べる」というように複雑に絡み合わせて表現することも可能である。さらに、「もしお腹がすいて、しかもXに余裕がなければ、近くのYに行き、Zを食べる」というふうに変数を組み込むこともできる。

プロダクションシステムは、「もし〜ならば」で現されるプロダクションが複数集まった「プロダクションの集合」の他に、情報の一時的な貯蔵場所である「作業記憶（working memory）」とインタープリタから成っている。作業記憶には短期記憶、プロダクションの集合には長期記憶の考え方が受け継がれているのがわかるだろう。

作業記憶には、例えば「お腹がすいた」「時間がある」「お金がある」「食堂に行く」「ラーメンを食べる」「カレーライスを食べる」など、いろいろな情報が集まっている。そこに、「もしXに余裕がなければ、近くのYに行き、Zを食べる」というプロダクションがあれば、Xには時間が（あるいはお金が）、Yには食堂が、そしてZにはラーメンが（あるいはカレーライスが）照合され、そのプロダクションは実行可能だということになる。インタープリタは、各プロダクションの条件と作業記憶の内容がマッチするかをチェックし、どのプロダクションが実行可能かを調べる機能を果たす。そして、実行可能なプロダクションがあったら、そのプロダクションの中の行為を順番に実行する。

このような一連の過程を「サイクル」と呼び、このサイクルを繰り返すことによって、プロダクションの集合として蓄えられた知識上での推論が行われる。この時、ふたつ以上のプロダクションが同時に実行可能になることがある。そのときにどちらのプロダクションを選んで実行するかを決めるために「競合解消ルール」と呼ばれるいくつかのルールをインタープリタは持っている。それは例えば、続けて同じプロダクションを選ばないとか、作業記憶により新しく付け加えられた情報とマッチするような条件を含むプロダクションを優先するというようなルールを持つことが可能である。

このようなプロダクションシステムは、人間の知的なふるまいの探究であると同時に、知的なふるまいをする人工知能、つまりロボットの脳の設計にも応用されていく。いわゆる、「エキスパートシステム」と呼ばれるものである。

知的なふるまいをする人工知能：エキスパートシステム

人間の中には「エキスパート」と呼ばれる人たちがいる。例えば、医者や法律家、そして学者なども その中にはいるだろう。このような「エキスパート」と呼ばれる人たちの頭の中の構造はどのようになっているのだろうか？　そして、その構造をコンピュータによってシミュレーションできないものか？　プロダクションシステムの理論的な妥当性が高まるにつれ、それを実際にコンピュータ・プログラムとして組み込み動かしてみようという試みが一九七〇年代盛んに行われた。

最初のエキスパートシステムとされているのは、一九六〇年代にスタンフォード大学のＥ・Ａ・

ファイゲンバウムらが開発した「デンドラル（DENDRAL）」プログラムである（Feigenbaum 1963）。「デンドラル」プログラムは、有機化学者が実際におこなう作業を分析し作られたもので、有機化合物の質量分析データからその化合物の化学構造を決定するプログラムである。つまり、有機化学のエキスパートが持っていると考えられる知識がプロダクションの形で表現され、コンピュータに組み込まれていた。このプログラムは、ごく限られた有機化合物しか扱えなかったため、実用化されるにはいたらなかった。しかし、最初のエキスパートシステムとして、その後の研究の方向性を位置づけたという点で大きな影響力を持つ。

さらに、ファイゲンバウムは、血液感染など伝染病の診断と治療のアドバイスを行う「マイシン（MYCIN）」と呼ばれるエキスパートシステムを開発したが、それは次ページの表のようなものであった。

その後もエキスパートシステムの開発は進んだが、最初の開発から二六年後の一九九七年、それはある意味で頂点を極めた。チェス専用コンピュータ「ディープ・ブルー」が人間を超えたのである（Khodarkovsky & Shamkovich 1997）。「チェス」の強さが「賢さ」の基準とされる傾向の強い欧米では、古くから「チェスをするコンピュータ」の開発が夢であった。研究者は、多くのチェス名人のデータを分析し、それを参考にチェス専用のエキスパートシステムを開発してきた。

そして、一九九七年五月、それがついに現実のものとなった。IBM製のチェス専用コンピュータ「ディープ・ブルー」が、全米チェス・チャンピオンのガルリ・カスパロフを二勝一敗三引き分

表　MYCINのプロダクションの例（安西 1986）

もし、
　治療の必要な感染症が髄膜炎であり、
　感染症がfungal（真菌）によるものであり、
　患者がcoccidomycosis（真菌の一種）による風土病のある地域にいたことがあり、
　患者の人種が黒人かアジア人かアメリカインディアンである
ならば
　coccidomycosisが感染症を引き起こした菌のひとつとする有力な証拠があると考えてよい。

けでやぶったのである。この事件は、機械の知能が人間の知能を初めて追い越したという歴史的な瞬間であるとされ、大々的に報道された。

　ディープ・ブルーは五一二個のコンピュータをつないだスーパー・コンピュータで、一秒間に二億手以上読む能力を備えている。チェスでは、ひとつの局面について可能な手数は平均三五通りある。二手先でもそれぞれに三五通りの可能性があるから、三五の自乗通りあることになる。一手に許された時間は、平均三分。ディープ・ブルーは、その間にしらみつぶしに可能な局面を調べあげる。そして、三分間に一四手先までのすべての局面を調べる。局面の数は三五の一四乗で二二桁の数になり、兆の上の京（けい）の上の垓（がい）という、まさに天文学的な数字になるのである（三五の一四乗＝4,139,545,122,369,384,765,625）。ディープ・ブルーは信じられないような速さでそのすべてを調べあげ、一四手先の最善の手を予測、そこから逆にさかのぼって次の一手を決めるのである。

　ちなみに、ＳＦ映画の最高傑作と称される『２００１年宇宙の旅』のなかに、コンピュータＨＡＬ９０００が宇宙飛行士フランク・プールとチェスを行い勝つというシーンがある（クラーク　一九九三）。

ＨＡＬ：悪いけども、フランク。あなたの負けです。クイーンをビショップの三へやると、ビショップがそのクイーンを取り、そのビショップをナイトで取る。これでチェックメイト。
フランク：あ……うん、そうらしいな。降参だ。
ＨＡＬ：とても楽しいゲームでした。
フランク：こちらこそ。

（映画『２００１年宇宙の旅』の日本語字幕・木原たけし訳の一部を修正）

この映画の公開は一九六八年だから、約三〇年後にＳＦ映画の一シーンが現実のものになったのである。

▨一九七〇年代の人工知能搭載ロボット

以上見てきたように、一九四〇年代に誕生したコンピュータは、その後の「学び」の探究に直接的・間接的に大きな影響を及ぼしてきた。まず、「学び」は脳で行われているという考え方と結びつくことにより、脳とコンピュータとをだぶらせて人間の行為について考えるという認知心理学を誕生させた。「学び」のメカニズム解明のために、「記憶する」という側面が強調された形で様々な実験が行われ、二重貯蔵モデルなどが提唱された。

一方、人間のすべての行為を「もし〜ならば、〜する」という形で表現できると考えるプロダクションシステムは、専門家の思考過程をコンピュータでシミュレーションするという先進的な試みを導いた。このような試みは、後に人工知能を生み出し、コンピュータを脳として持つロボットの開発を急速に発展させていくことになる。

この章の締めくくりとして、一九七〇年代までに完成した人工知能を搭載したロボットがどのようなものだったのか、ひとつのお話として示しておこう（渡部　一九九八a）。

例えば、ここにふたつの部屋があり、私とロボットのロボ君が一方の部屋にいると考えてほしい（図2-2）。私はとても喉が乾いていたが、水の入っているコップは隣の部屋の机の上にある。不幸なことに、私は足を捻挫していて歩けない。こんな時に役だつのは、人間の最良の友、ロボット。私は「ロボ君にお願いして水を持ってきてもらおう」と思いついた。さて、隣の部屋にある水を持ってきてもらうために、私はロボ君に何とお願いすればよいのだろうか？　残念なことに、「水を持ってきて」だけで水を持ってくるほどロボ君は賢くはない。

ここで考えられるひとつの常識的な方法は、次のような命令である。私は以下のようにロボ君に命令することができる。

《命令（その一）》

1　北の方向に向かって歩きなさい
2　右にまがって進みなさい
3　扉を開けなさい
4　少し進み、右にまがり、また進みなさい
5　机の上のコップをつかみなさい
6　一八〇度、方向転換しなさい
7　少し進み、左にまがり、また進みなさい
8　扉を開けなさい
9　少し進み、左にまがり、また進みなさい
10　コップを私に渡しなさい

しかし、これだけでは、私はまだ水を飲むことができないだろう。コンピュータ技術がめざましい発展を遂げているとはいえ、まだまだそれほどロボ君は賢くはない。もう少しかみ砕いて命令する必要がある。そこで上の命令を、次のように少し詳しくかみ砕いてみた。

図 2-2　隣の部屋のコップを取ってきてもらうためには？

《命令（その二）》
1　北の方向に三メートル進みなさい
2　右方向に九〇度、回転しなさい
3　二メートル進みなさい
4　右手をドアのノブの高さまで上げなさい
5　一〇センチ前に進みなさい
6　各指先に五〇グラムの力を加え、右方向に九〇度手首を回転しなさい
7　そのままの状態で、前に一メートル進みなさい
・・・

何とかロボ君、動いてくれた。これで私もやっと水を飲むことができ、ひと安心。ところが、次の日……。

私は昨日の成功に気をよくし、今日もロボ君に水を持ってきてもらおうと《命令（その二）》を施行した。最初は順調だったが、ドアのところにきてロボ君、ぴたりと止まってしまった。右手はドアのノブの位置まであがっている……命令通りである。しかし、そこにドアのノブはなかった。窓がたまたま開いており、ドアが風で開いていたのである！

「それじゃあ、そのまま通り抜ければいいじゃないか」と考えるのは、人間の身勝手というもの。命令に忠実なロボ君は、人間様に命令いただいたようにドアを開けるという作業を完全に遂行し終えなければ、次の作業には進めない。そこで私は、命令の手直しにかかった。そして完成したのは、次のような命令。

《命令（その三）》

1　北の方向に三メートル進みなさい
2　右方向に九〇度、回転しなさい
3　二メートル進みなさい
4　右手をドアのノブの高さまで上げなさい
5　一〇センチ前に進みなさい
6　各指先に五〇グラムの力を加え、もし手応えがあれば「命令7」を、もし手応えがなければ「命令8」を実施しなさい
7　右方向に九〇度手首を回転し、そのままの状態で前に一メートル進みなさい
8　そのまま前に三メートル進みなさい
・・・

これでドアが開いていようと閉まっていようと、問題なく水を持ってくることができるようになった。プロダクションシステムを応用することによって、ロボットはどのような行動も実現可能になったように思われたのだが……つづく。

第三章　ロボットの「学び」を考える

一九八〇年代のロボット研究者の苦悩

一九八〇年代は、「学び」や教育を検討するときに大変重要な時期である。ある一部の人たちの間で、それまでの「学び」に対する考え方が大きな行き詰まりを見せ、全く新しい考え方が生まれてきた時期なのである。

これまで紹介したように、認知心理学はコンピュータの誕生とそれにともなう情報処理理論に大きな影響を受けながら発展してきた。その後、コンピュータ・テクノロジーが著しく発展してくると、今度は逆に、認知心理学によって生み出された様々な学習モデルがコンピュータ科学に応用され始めていく。つまり、認知心理学によって明らかになった「人間の頭の中で起こっていること」を、コンピュータでシミュレーションしようという試みである。このような人工知能（ＡＩ）研究は、必然的にロボット開発に発展していく。このまま研究が進めば、コンピュータの脳を持つアンドロイドが誕生するだろうと、当時の研究者の多くが考えていた。

ところで当初、ロボット研究者は開発のためにひとつの基本方針を持っていた。それは、「ロボットを人間に近づけるために、ロボットにさせたいことをひとつひとつ系統的にプログラムしていく」というものだった。このような考え方は、行動主義心理学の集大成として完成した「学習理論」の考え方とも一致している。あいまい性のない正しい知識を、簡単なことから複雑なことへ系統的に、ひとつひとつ積み重ねていくことが効果的な学習であるという常識が、二〇世紀中頃までに作られていた。

ところが、一九八〇年代後半、ロボット開発の歩みはピタッと止まってしまった。ロボット研究に突然「行き詰まり」が生じたのである。この「行き詰まり」がどのようなものであったのか、前章の最後にしたお話の続きを紹介しよう（渡部　一九九八a）。

話しの要点は、こうだった。つまり、ここにふたつの部屋があり、私とロボットのロボ君が一方の部屋にいる。私はとても喉が乾いていたが、水の入っているコップは隣の部屋の机の上にある。不幸なことに、私は足を捻挫していて歩けない。そこで水を取ってきてもらうというためには、ロボットにどのような指示を出せばよいのか、つまりどのようにプログラムを組めばよいのかという話しだった。

取りあえず、ロボットの行動をひとつひとつ丁寧に指示するところから始まった。ところが予期しなかった事態として、風によってドアが開いてしまい、プログラムがそれ以上遂行できないという状況に陥ってしまった。しかし、一九七〇年代までに研究されていた「プロダクションシステム」の成果を用いて、その事態を回避することができた。つまり、「もし、ドアがしまっていれば、その時には……」あるいは「もし、ドアが開いていれば、その時には……」という条件を設定した指示によって、どのような事態にでも対応できるかに思われた。

　ところが、世の中というものはそれほど単純ではなかったのである。

▨「日常」という予想できない環境の中で

　次の日の朝は、雲ひとつない日本晴れだった。すがすがしい空気をすいながら研究所に出勤し、実験室のドアを開けた。中はきれいに片づいていた。昨日私が実験室を出た後、掃除のおばさんがきれいに片づけてくれたのだろう。実験室の中が片づいているというのは、実に気持ちのいいものである。そしてプロダクションシステムを組み込んで完璧にできあがったロボ君が、そこにいた。

　私はロボ君のスイッチを入れ、水を持ってくるよう指示した。ロボ君は昨日と同じように順調に動き出し、そして隣の部屋に消えた。今日は部屋のドアは閉まっていたが、閉まっていようが開いていようがそんなことは朝飯前。私はロボ君が水の入ったコップを持ってくるのを待った。しかし五分たっても一〇分たっても戻ってこない。

「おかしいなあ。こんなはずはないんだけど……」

　私は不安に思いながら、隣の部屋を除いてみた。そして、進路を遮って置いてあるゴミ箱の前で、じっと立ったまま動かずにいるロボ君の姿を目にしたのである。

目の前が、一瞬白くなった。

そのゴミ箱は、掃除のおばさんがうっかりしていつもの場所からほんの一～二メートル、ずらして置いたものだった。それがたまたま、ロボ君の進路をふさいでいたのである。

「でも、こんなこと、ちょっとプログラムを書き換えるだけですぐクリアーさ！」

私は《命令（その三）》にちょっと手を加え、《命令（その四）》を完成させた。

《命令（その四）》

・・・
n　前に進みなさい
n＋1　もし何か障害物があったときには「n＋2」を実行しなさい
n＋2　センサーを使用することによってその障害物を回避し、速やかにもとの進路に戻りなさい
・・・

「よーし、完成だ。これでどんな障害物だって大丈夫だ。完璧に仕上がったぞ！」

私は、これを最終テストにしようと考えていた。これにクリアーすれば、このロボ君の成果を学会に発表し、多くの同業者から賞賛を浴びるはずであった……のだったが。

最終実験をしようと私がロボ君に命令を出し、ロボ君が動き始めたとき、ロボ君の前に何かが飛び出してきた。入口のドアの隙間から進入してきた野良猫の「ドラ」である。「ドラ」は図々しくもロボ君の前にしゃがみ込み、その進行方向をふさいでしまった。ロボ君、待ってましたとばかりにこの「障害物」を回避するために体の向きを変えた。ところが「ドラ」、何が気に入ったのか突然立ち上がるとロボ君の足にじゃれつき始めた。ロボ君にとっては、「障害物」を避けようとしてもその「障害物」がついてくる。あっちいったり、こっちいったり。部屋の中をぐるぐる回るだけ。

さすがに今度ばかりは、私も困ってしまった。まさか実験室に野良猫が入ってくることまでは、私も予想していなかったのだ。

考えてみれば、この世の中は「予想外」のことがあふれている。ごく平凡な日常生活を送っていたとしても、ひとつひとつ細かく分析していけば、そのほとんどがハプニングの連続である。とすれば、それをひとつひとつ予想し、それに対応するプログラムをひとつひとつ作成していくことなど所詮無理なのではないだろうか？　いくらコンピュータ技術が進歩し莫大なデータを処理できるようになったとしても、人間が出会うであろう様々な経験のバリエーションをすべてコンピュータの中に組み込むことなど所詮無理なのではないはないだろうか？

一九八〇年代に入り、多くのロボット研究者がここで示したような挫折を味わい、従来常識とされてきたパラダイムに疑問を感じ始めてきた。そして、次のように考える研究者が増えてきたのである。

「ロボットを人間に近づけるために、ロボットにさせたいことをひとつひとつ系統的にプログラムしていく」というパラダイムでは、ロボットは人間に近づきえないのではないか？　つまり、あいまいで複雑な日常の中でうまくやって行くためには、人間からロボットへひとつひとつ指示を出すのではなくロボット自らの学習が必要不可欠なのではないか？

▨人間にはなくてロボットにあるもの＝フレーム問題

ここで紹介した話しは、次に何が起こるか予想がつかない状況の中で、考えうるケースに対し一対一対応的にプログラムをどんなにがんばって組んでいったところで、予想できない事態というのは日常生活の中にはあふれているということを示している。日常世界は一見単純そうに見えるが、実は非常に複雑であり、しかもあいまいなのである。

「あいまいで複雑な日常」ということは、「日常には無限とも言えるほどの情報が存在している」

と言い換えることができる。そして「人間はあいまいで複雑な日常の中でうまくやっていってる」ということは「人間は無限とも言えるほど莫大な量の情報をうまく処理している」と言い換えられる。

ここで、ひとつの疑問がわき上がってくる。私たちは、このような無限とも言えるほどの情報処理をすべて完璧に行っているのだろうか？

この問いに対する答えは、たぶん「Ｎｏ」だろう。人間がいかに優れているといっても、これは到底無理なことである。何か行動を起こしたり問題を解決しようとしたとき、それに必要な情報をすべて与えられるとは限らない。それに、もし必要な情報をすべて与えられたとしても、私たちはその与えられた情報をすべて処理できるとも限らない。つまり、私たちが結果として処理できる情報は、常に部分的である。それにもかかわらず、私たちは行動するとき、不十分な情報を処理するだけで、あたかもうまくやっているように振る舞える。これは一体どういうことなのだろう？

人間らしいロボットを作ろうとしていた研究者が、あいまいで複雑な日常の中で動けなくなったロボットを目の前にして着目したのは、この人間が持つ「部分的な情報だけで何とかうまくやっていく」という能力だった。つまり私たちは、周囲に無限に存在する情報の中から自分にとって必要な情報だけを切り取ってくる「フレーム」を持つことができる。これは、情報をくくるためのフレーム（枠組み）である。

ところが、ロボットにはこの「フレーム」を持つことがとてつもなく難しい。そして多くの場合、この「フレーム」を持つことができず一歩も前に進めなくなってしまう。研究者は、ロボットが陥っているこの問題を、「フレーム問題」と呼ぶことにした。

「フレーム問題」とは、「あいまいで複雑な日常の中で何か行動を起こすとき、その行動に関係のある情報と無関係な情報とを、どうやって効率的に弁別することができるのか」という問題である。また、「言われてみれば簡単なことを、どうすれば言われる前にいつもちゃんとわかっていることができるのか」という問題と言い換えることもできる。

フレーム問題は、一九六九年に人工知能研究者のJ・マッカーシーとP・J・ヘイズによってはじめて指摘されたが、一九八〇年代になると、この問題の解決をめざしたさまざまな研究が行われた（マッカーシー他 一九九〇）。ロボット、あるいは人工知能という限定された情報処理能力しか持たないシステムが、その能力をはるかに上まわる複雑性を持つ日常世界の情報を、どうすればいつもうまくあつかえるのか？

最も困難な問題は、例えば椅子は、「座るもの」であると同時に「高いところにあるものを取るときに台として使うもの」でもあり、「読みかけの雑誌を置いておくもの」でもあるという点である。また、「雨の日には傘をさす」ということは正しい知識ではあるが「雨が降っていても傘をささない」人もたくさんいるし、「雨の日にはレインコートを着る」人もいる。つまり、いわゆる一般常識といわれるものは、ひとつひとつ取り上げることができないほど無数にあるうえ、例外も無限に存在する。どんなにロボットやコンピュータが進歩したところで、これらすべての情報をデータベースに組むことは不可能であると思われる。

研究者は、このことを改めて認識するようになった（橋田 一九九四：松岡 一九九四：岡田 一九九五：松原 一九九九）。そして、パラダイム・シフトが起こったのである。

ロボットとの会話は可能か？

そのパラダイム・シフトがどのようなものであったかのかを紹介する前に、もう少し一九八〇年代の行き詰まりの例を示しておこう。

ロボットが人間と仲良くなるためには、どうしても直接人間と会話できなければならないだろう。そう考えると、ロボット開発、特に人工知能の研究において「言語理解」は非常に大きなテーマのひとつである。ロボットが言いたいことを音声合成の技術を用いて表現することは、比較的簡単に開発することができた。ところが、ロボットに人間の言葉を理解させることは非常に難しいらしい。

一九五〇年代、研究者はロボットにおける「言語理解」に関しても楽観的に考えていた。コンピュータは正確なプログラムさえ与えてあげればどんな記号計算でも遂行できる万能マシーンであるから、人間が行う言語処理もコンピュータでシミュレーションできるに違いない。できるだけ多くの単語情報をデータベースに蓄積し、言語処理の法則、つまり「文法」をプログラムしてあげればロボットは簡単に言語理解できるようになるだろうと考えていた。そして、その目標を達成するために彼らは、まず「機械翻訳」の研究から始めることにした。研究は、一九六〇年代までは順調に進んだ。コンピュータ自身の処理スピードの発展と言葉のデータベース、つまり「辞書」の開発、そして文法を適応させるためのプログラムの進歩によって、いわゆる「自動翻訳」は著しい発展を見せたのである。そして、もう一歩というところまで来たとき行き当たったのが「自然言語処理」の問題である。

自然言語というのは、人工的な言語ではなく、私たちが日常的に使っているごく普通の言葉である。それでは、私たちがごく普通に使っている言葉のどこが難しいのだろう？　黒崎（一九九一）は、いくつかの例をあげて、自然言語処理の難しさを説明している。

まず、『黒い瞳の大きい女の子』という文章を検討してみる。この文章は、「黒い＋〈名詞〉の＋大きい＋〈名詞〉の＋〈名詞〉」という構造をしており、意味的にはとてもあいまいである。つまり、日に焼けて黒い「瞳の大きな女の子」なのか、黒い瞳が大きい「女の子」なのか、黒い瞳の「大きい女の子」なのかというようにいろいろな読み方ができる。この文章が本当に意味しているところはコンピュータも断定できないけれど、人間も同様に断定できない。

しかし、全く同様な文構造をした『黒い馬力の大きいトヨタのスポーツカー』を考えてみよう。コンピュータは、前の文章と全く同様にこの文章の意味を理解できない。しかし、人間にとっては当然簡単に理解可能である。全く文構造が同じのふたつの文章であるが、コンピュータと人間とのこの違いは何なのだろうか。確かに、コンピュータに対し、人間は「黒い馬力という言い方をしない」とか「黒いトヨタという言い方をしない」という情報をひとつひとつ教え込むことは可能である。しかし、これもある程度は可能だとしても、すべての単語に関して考えられるすべての組み合わせを教え込むことは不可能と言わざるを得ない。ところが、人間は新しい言い回しや過去にない語順を、特に苦労することなく使うことができる。つまり、新たに言語をつくりだす能力がある。

人間と同じように人の話を聞き理解することができるロボットを作るということが、とてつもなく難しいことであるということが、このような例を通して少しずつ明らかになってきたのである。

▒鉄腕アトムのことばとコミュニケーション

ちょっと難しい話が続いたので、少し休憩……。

鉄腕アトムは、科学技術の粋を集めた「七つの威力」を備えていた。どんな難しい計算でも一秒で解ける、喉の変話器のおかげで六〇カ国語を自由に話せる、耳のボタンを押すと聴く力が一千倍になる、ジェット推進で大空をすばらしい速度で飛べる、腕の力は十万馬力でどんなに重いものでも持ち上げることができる、目がサーチライトになる、相手が悪人か良い人間かすぐに見分けることができる。科学技術の発展によって、これらの「威力」が近い将来可能になるだろうという予測があったわけである。

ところで、アニメの中では、アトムが生まれたのは二〇〇三年四月七日となっている。テレビ放送が始まったのは一九六三年（昭和三八年）だから、少なくともこのころの人々は（特に、作者の手塚治虫氏は)、二一世紀の初頭にはこのような世界が現実のものになるだろうと考えていた。一九六〇年代といえば、「科学」が著しく発展していた時代。一九四〇年代に発明されたコンピュータというとてつもない代物がいたるところで力を発揮し、一九六九年にはアポロ11号のアームストロング船長が初めて月面を歩いた。本当に「科学」が我々に、夢と未来をもたらしてくれていた時代だったといえる。だから当時の人々は、今後もこのような科学の発展が続き、三〇~四〇年後の二一世紀初頭にはアトムのようなロボットが完成するだろうと考えていた。

あっという間に、二一世紀が訪れた。そして、鉄腕アトムの「七つの威力」のいくつかは現実のものになった。どんな難しい計算でも一秒で解ける……コンピュータの著しい発展は複雑な計算も短時間で行うことを可能にした。耳のボタンを押すと聴く力が一千倍になる……集音能力ということだろうが、人間が聞こえない音の受信も含めて、これも実現している。ジェット推進で大空をすばらしい速度で飛べる……アトムのように足からジェットは出ないが、ジェット飛行機で旅行することは珍しいことではなくなった。腕の力は十万馬力でどんなに重いものでも持ち上げることができる……橋を造ったり、トンネルを掘ったりというような工業技術は、ほとんど「何でもできる」というレベルに近いだろう。目がサーチライトになる……これはもう、言うまでもない。これで、鉄腕アトムが持つ「七つの威力」のうち、すでに五つは実現したことになる。

さて、残ったのはふたつ……「喉の変話器のおかげで六〇カ国語を自由に話せる」と「相手が悪人か良い人間かすぐに見分けることができる」……ことばとコミュニケーションの問題である。

「七つの威力」の中の他の五つと比較し、これらはとても「人間的な能力」ということができる。そして、一九六〇年代当時は、この「人間的な能力」もその他の能力と全く同じように、科学の進歩によって近い将来には実現するだろうと考えられていた。しかし、現実には未だ実現していないばかりか、今後一〇〇年研究が続いたとしても実現は不可能だろうとロボット研究者は言う。

ことばとコミュニケーションというとても人間的な行為。これらの実現が、現在のロボット研究者の最大のチャレンジになっている（渡部　二〇〇三）。

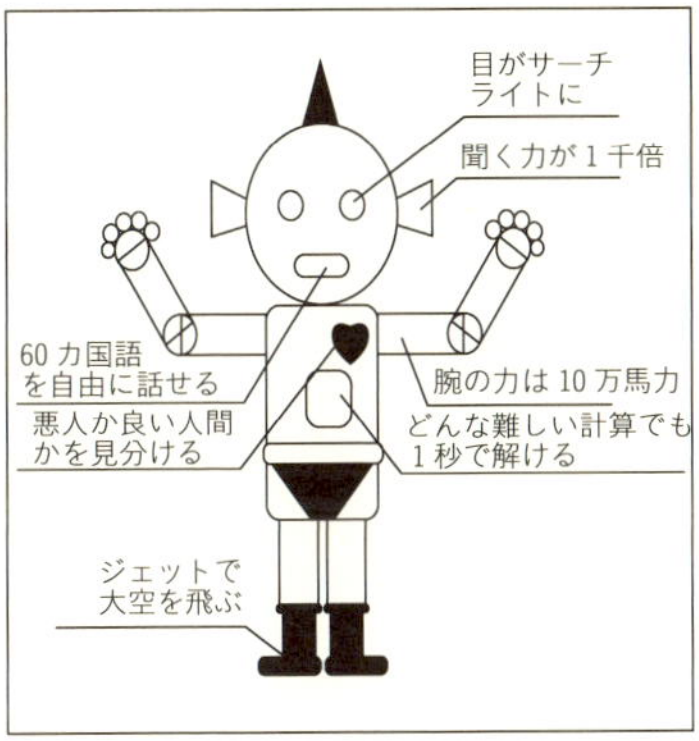

目がサーチライトに
聞く力が１千倍
60カ国語を自由に話せる
腕の力は10万馬力
悪人か良い人間かを見分ける
どんな難しい計算でも1秒で解ける
ジェットで大空を飛ぶ

図3-1　アトムの７つの威力

ロボットに自ら学習させる

次のような疑問について、考えてみてほしい。

２００Ｘ年、突然、未知の惑星Ωが発見された。私たちは政府から、惑星Ω探査用のロボットの開発を命じられた。ロボットを惑星Ωに送り込み、この惑星に関する様々なデータを得ようというのである。私たちは、さっそくロボットの開発に着手した。まず私たちは、そのロボットに高性能テレビカメラの目を持たせ、高性能のマイクを耳に組み込んだ。手足には高性能のセンサーをつけ、それらの情報をロボットの脳であるコンピュータで統合する。この脳には、人間の記憶のように、データベースに膨大な情報を蓄えておく。ロボットは、コンピュータで統合・分析されたセンサーからの情報に関するデータをデータベースから検索し取り出し、自分の行動を制御していく。この方法は完璧であり、不都合なことなどなかったはずであった。

しかしながら、実際にその設計に従ってロボットを作成しているうちに、この設計には大きな落とし穴があることに気がついた。それは、「データベースにどのような情報をインプットすればよいのか」ということである。当然のことなのだが、私たちは惑星Ωのことについてすべてを知っているわけではない。それを知るために、私たちは今ロボットを開発しているのだ。とすれば、データベースにインプットすべき惑星Ωに関する情報は、非常に限られてしまう。遠い遠い地球からの観察データから得られた情報が、唯一インプット可能な情報である。だとすれば、もしデータベースにない事態にロボットが遭遇した場合、どのようなことになるのだろうか。きっとロボットは判断するデータがないために、一歩も動けなくなってしまうだろう。ロボットを惑星Ωの上で完璧に動かすためには、惑星Ωについてのありとあらゆる情報を、すべてデータベースとして蓄えておかなければならない。しかしながら、惑星Ω探索のためのロボットに「惑星Ωに関するすべての情報を蓄えておく」というのは矛盾している。さて、困ってしまった。私たちは、**惑星Ωを探索するために、どのようなロボットを作製したらよいのだろうか？**

（注：石井（一九九五）の話しを修正して引用した。）

認知心理学では、「頭の中で起こっていること」を探究してきた。人間の「頭の中で起こっていること」を明らかにしてモデル化し、それをロボットにプログラムすれば、ロボットも人間と同じように振る舞えるだろうと考えられてきた。さらに、知能は脳に存在するという考えは、脳の神経回路網と同じような構造のコンピュータ・モデルを構築しようという試みへと導いた。

ところが、先に紹介したような行き詰まりがいたるところに現れ、研究者は、この問題について改めて考え直す必要にせまられたのである。そして、研究者の中には次のように考える人も出てきた。

まず、自分たちが陥っていた「フレーム問題」は、最初から「環境」というものを無視したり実験室に限定することに原因があった。これまでは、「環境」というものをほとんど考慮することなく、主体である人間やロボットの「頭の中で何が起こっているのか」だけに着目していた。しかし、人間の「知」というものを環境から切り離して考えている限り、「フレーム問題」からは逃れられないだろう。

冷静に考えてみればすぐにわかることなのだが、情報というものは人間をとりまく環境そのものの中に存在している。そのような環境の中に埋め込まれている情報を全く無視したのでは、人間もロボットも環境の中でうまくやっていけるはずがない。

もし、このように考えたならば、私たちがしなければならないことは、最初から何もかにもをロボットに対してプログラムしてあげるのではなく、ロボット自身が環境の中で試行錯誤しながら、つまり環境と相互作用を行う中で、ロボット自らが学習していけるようにロボットを設計しプログラムすることなのである。

このような教訓は、私たち人間にも全く同様に当てはまる。私たちは、いくら多くの情報を系統的に教えられたとしても、社会の中でうまくやっていけるとは限らない。自ら社会の中に身を置くことによって試行錯誤しながら、自分にとって必要な情報を学び取っていかなければならないのである。このような、改めて考えてみれば当たり前のことに気づかされたのが、人間に関する研究の場ではなくロボットに関する研究の場であったという事実は非常におもしろいと同時に、とても皮肉なことだと感じてしまう。

ロボットの「賢さ」とは?

「学び」と「賢さ」は表裏一体であるが、次のふたつのロボットのうち、あなただったらどちらのロボットが「賢い」と考えるだろうか?

ロボット1：微分積分の複雑な計算問題を、あっという間に解いてしまうロボット

ロボット2：一〇〇円持って近所の駄菓子屋に行き、お菓子を買ってくるようなロボット

私たちは、どうしても「微分積分の複雑な計算問題を、あっという間に解いてしまうロボット」

の方が賢いと感じてしまう。そして一九八〇年以前のロボット研究者も、そう考えていた。しかしながら、これまで見てきたように、技術の発展やプログラミングの発達によりそのようなロボットが現実のものになり、それでは実用化しようとしてロボットを実験室から一歩外に出したとたん、ロボットは動けなくなってしまった。「微分積分の複雑な計算問題を、あっという間に解いてしまうロボット」だったら、「一〇〇円持って近所の駄菓子屋に行き、お菓子を買ってくる」ことはいとも容易に行い得るだろうと思いこんでいたのが間違いだったのである。実際に、「一〇〇円持って近所の駄菓子屋に行き、お菓子を買ってくるようなロボット」を作るとき「ロボットにさせたいことをひとつひとつ系統的にプログラムする」という従来の方法を用いたのでは完成させることが不可能だったのである。

例えば、「駄菓子屋に入る」ということひとつとっても、扉がいつもは閉まっているがその日はたまたま暑くて開いていたとか、いつもはすぐに出てくる店のおばちゃんがたまたまトイレに入っていてなかなか出てこなかったとか、店の中にはすでに近所の悪ガキどもがいてよけいなチョッカイを出してくるとか、「一〇〇円持って近所の駄菓子屋に行き、八〇円のお菓子を買ってくる」という命令にもかかわらず、店屋のおばちゃんがお菓子を七〇円に負けてくれたとか、クジがふたつしか残ってなくて景品が一等賞と六等賞のふたつしかないので「やった！　必ず一等賞が当たる」と思ってふたつともひいてみたら何とふたつとも六等賞だったりとか（私の幼いとき、しばしばこんなことがあった）……とにかく何が起こるか予想がつかない。どんなにがんばって考えうるケースに対し一対一対応的にプログラムを組んでいったところで、予想できない事態というのは日常生活の中にはあふれている。つまり、日常世界はあいまいで複雑なのである。

もう、おわかりだろう。「微分積分の複雑な計算問題を、あっという間に解いてしまうロボット」よりも「一〇〇円持って近所の駄菓子屋に行き、お菓子を買ってくるようなロボット」のほうがずっとずっと賢いのである。つまり、ひとつひとつ系統的に知識を積み重ねていくというやり方が「賢さ」を作り出す「学び」であるという保証はどこにもないのである（渡部　一九九八a）。

第四章　行き詰まりと将来の方向性

日常の「学び」の再発見

二〇世紀の前半に流行した行動主義心理学において、学習とは行動の変容であった。しかし一九五〇年代以降、学習とは個人の頭の中に新たな知識構造や枠組みができあがることとして見なされるようになった。「学び」のメカニズムが認知心理学によって明らかにされ、それをコンピュータにプログラムとして組み込むといった学際的な研究が始まった。

しかしながら一九八〇年代、コンピュータの脳を持つロボットの開発で「行き詰まり」が浮き上がってきた。その行き詰まりをひとことで言い表すとしたならば、ロボットにさせたいことをあらかじめひとつひとつ系統的にプログラムしておくという方法では、複雑であいまいな日常の中ではうまくやっていけないということである。私たちがありふれた日常と感じる毎日の生活も、実際には予想外の出来事の連続なのである。

そのような行き詰まりは、ロボット工学の領域に限定されたものではなかった。その後、同様の行き詰まりが様々な研究分野で同時多発的に生じた（もちろん自閉症研究でも）。そして、多くの研究者は次のような疑問を持つようになった。はたして、実験室という理想的な環境で明らかになった人間のメカニズムは日常生活にも同じように当てはまるのか？　本当に、身体を無視した脳だけで人間の行動は理解できるのか？　このような素朴な疑問が、様々な領域から浮上してきたのである。

そしてこの頃、同じ問題を抱える様々な領域の多くの研究者たちが、それぞれの悩みを持ち寄って交流するという活動が各地で起こった。そのような交流は次第に世界的な規模にまで広がり、「認知科学」と呼ばれる学際的な学問領域が生まれることになった。そこでは「実験室から現場へ、脳から身体へ」ということが議論のひとつとなり、その後、この視点を持った研究が盛んに行われるようになってくる。

認知科学の特徴を、高木（一九九六）の表現を少し変えて説明するとしたならば、従来のアプローチとは以下のような違いがある。つまり、人間の行為を自動車のスピードにたとえるとするならば、従来のアプローチがエンジンの性能、ボディスタイルの空気抵抗、そしてタイヤのグリップ力などをそれぞれ徹底的に解明しようとするのに対し、認知科学では実際に車が走っている様子を詳細に観察することによって、エンジン、車体、ドライバー、路面、空気などがどのように関係することでそのスピードを達成しているのかということを問題にするのである。

このようにして、認知科学と呼ばれ学際的になった人間に関する探求は、その基本的な考え方の枠組みを、実験室から現場へ、そして脳から身体へと変えるようになったのである。

▨状況的学習論という考え方

認知科学では、「人間は現場でどのように学んでいるのか」を追求しようとする試みが盛んに行われた。そのような試みの中で、「状況的学習論」という考え方が浮上してきた。

この考え方を最も初期に提案したひとりであるL・A・サッチマンは、一九八七年に出版した『プランと状況に埋め込まれた行為（原題は *Plans and situated actions*）』の冒頭で、過去の文献の中から次のような引用を行っている。

トーマス・グラッドウィン（Gladwin 1964）はトラック諸島の島民が公海を航行する方法についてヨーロッパ人が航行する方法と対比した素晴らしい論文を書いている。彼はこう指摘している。ヨーロッパの航海士は何らかの一般的な原理に従って海図に描いたプラン（計画）――すなわち、一つのコース――から始め、すべての動きをそのプランに関係づけることで航海を遂行するのである。航行中の彼の努力は〝コース上に〟とどまることに向けられる。もしも予想外の出来事が生じたら、彼はまずプランを変更し、しかるのちにそれに従って対応する。トラック島の航海者はプランではなく目標から始まる。彼は目標に向けて出発し、発生する条件にアドホックな（その都度の）やり方で対応する。彼は風や波や潮流や、ファウナ（動物相）や星や雲やボートの側面に打ち寄せる水の音によってもたらされる情報を利用し、それに従って舵をとる。彼の努力は目標に至るのに必要なことすべてを実行することに向けられる。聞かれれば彼はいつでも目標をさし示すことができるが、コースを描くことはできない。(Berreman 1966 p.347)

（サッチマン 一九九九）

ヨーロッパの航海士の場合は、どのように航海するのかという説明がすでに手元にあるように見えるというのである。つまり、彼らはあらかじめプランを持っていて、そのプランに従って自分たちの行為を実行している。それに対し、トラック島の航海士の場合は、無理矢理に聞き出さないかぎり、実際に自分たちがどう舵とりして航海するのかを他人に説明できない。サッチマンはこのような対比を行ったうえで、「いかにプランがなされても、目的的行為は避けがたく状況に埋め込まれた(situated)行為なのである」と結論づけた。サッチマンは、次のように言う。

この意味で、私たちはみな、たとえ一部の人たちはヨーロッパ人の航海者のように話すかもしれないが、トラック島の航海者のように行動するだろうといえる。私たちはトラック島民のように振る舞わないではいられない。なぜなら、私たちの行為の状況は決して完全には予想できないし、それらは絶えず私たちのまわりで変化し続けているからである。……中略……むしろ、プランは、本質的にはアドホックな活動に対してたかだか弱いリソース（資源）であると見なすべきである。

（サッチマン 一九九九）

つまり、人間の行為というものは本質的に状況に埋め込まれたものであり、状況に埋め込まれた行為は本質的にアドホックな（その都度的な）ものであると、サッチマンは言うのである。

サッチマンの「人間の行為というものは本質的に状況に埋め込まれたものである」という考え方は、人間の行為に対するちょっとした視点の移動から生まれたものである。しかし、その影響力は予想外のものだった。それまでは、人間の認知活動はすべて頭の中の「情報処理」の結果であり、「情報処理過程」のしくみを研究すれば、人間の認知活動はすべて解明できると考えられていた。

例えば、人間の頭の中でどのようなメカニズムが機能することによって「学び」が成立するのかを明らかにすることによって、子どもたちに対する教育をより効率的に行えるようになると考えられていた。

しかし、サッチマンの主張は、このような常識とは真っ向から対立するものだった。つまり彼女は、人間の行為を、人間が生活する「現場」の様々な事物が織りなす関係の網の目の中に位置づけて理解しようと主張したのである。

「学び」に対する文化人類学的アプローチ

認知科学の研究者は、一九九〇年代、ひとつの学問領域に着目し始めた。文化人類学である。その最大の理由は、文化人類学が様々な国の人々の日常生活を研究対象としていたということにある。ありふれた毎日の生活のなかに、人間の「学び」を考える上でとても重要なヒントが隠されているのである。一九九〇年代以降、「日常」という環境の中で実際に起こっている「学び」に関する探究の成果が、続々と報告されるようになった。ここでは、その中のいくつかの研究を紹介しよう。

J・レイヴとE・ウェンガーは、リベリアの伝統的な仕立屋を調査し、徒弟制度における「学び」というものを明らかにしている(Lave & Wenger 1991)。

レイヴらが研究対象としたのは、リベリアのヴァイ族とゴラ族の仕立屋たちで、彼らの店は商業地域の外周にある川岸の狭い道に沿ってぎっしりと建ち並んでいた。それぞれの店では数人の親方がいて、店を経営し、服を仕立て、また徒弟を監督していた。彼らの日常的な仕事は、最下層の人びとが着る服やズボンを作ることだったが、しばしばフォーマルな衣服や高級スーツを作ることもあった。

徒弟制度は平均五年間だったが、徒弟は、この間に衣服を作る全過程を学習する。初めて親方の元についた徒弟は、まず始めにアイロン掛けやボタン付けのやり方といった製品の仕上げの段階の作業を実際の生産工程に加わりながら学んでいく。この初歩の段階が終わると次に縫製のしかたを学び、最後に布地の裁断のしかたを身につける。

このように、実際に洋服が生産される工程とは逆のステップで徒弟の学習過程が進むことは、学習主体である徒弟にとって、仕立ての技術を学んでいく最良のステップであるとレイヴらは言う。最初に、アイロン掛けやボタン付けの作業を行うなかで、洋服のおおまかな構造を知ることができる。次に、衣服構成の大きく見た輪郭に徒弟の注意を向けさせる効果があるというわけである。縫製の過程で、洋服を構成する布地の関係が理解され、そのように布地を裁断する理由が理解されることができる。そこで初めて、縫うことで彼らの注意を異なる布切れが縫い合わされる論理（順序、定位）に注意を向けることができる。そこで初めて、それらがなぜそのように裁断されているかがわかる。最後にそうした理解に基づいて、最終的に自分で型紙をつくり布地を裁断することができるようになる。このように、それぞれのステップが、いかに前段階が現在の段階に貢献しているかを考える無言の機会を提供しているのである。

さらにこの順序づけは、失敗経験、とくに重大な失敗経験を最少にする。これらの過程は、全過程とも決して練習なのではなくすべて「本番」なのであり、まだ一人前にはほど遠い徒弟といえども失敗は決して許されない。そのような彼らにとって、アイロン掛けやボタン付けの作業は多少の失敗が許される、修復可能な作業なのである。間違った裁断をして布地を全部無駄にしてしまうような致命的な失敗は、決して許されない。

以上のように、レイヴらは、徒弟制度における洋服の生産は実際的な目的に向かって徒弟を生産活動の実質的な担い手として有効に活用すると同時に、徒弟自らが学ぶ場として機能していることを明らかにしている。

「正統的周辺参加」という考え方

このようなリベリアの伝統的な仕立屋の徒弟制度に対するフィールドワークから、レイヴとウェンガーは「学習」を考えるときのポイントとして「正統的周辺参加（Legitimate Peripheral Participation）」の考え方を提唱している。

まず、正統的・周辺・参加の「正統的」ということであるが、例えば徒弟はまず始めにボタン付けを手伝わされる。「ボタン付けだったら、あとで修正がきくからやらせている」というわけである。しかし、ボタンは見えるところに付けるのだから、ひじょうに大切な仕事である。そういう大切なことに初心者である徒弟が参加する。そのことが、本来「学び」というものは当初から「正統的」だという考えを生みだした。

レイヴとウェンガーの研究を日本に紹介した佐伯（一九九九）は、「学び」には本来「嘘がない」にもかかわらず、学校での学びは嘘っぽくみえるかもしれないと言う。それを知ったからといって、世の中がよくなるとは思えない。勉強するということは、要するに、テストのために頭のなかに「知識」を詰めこんでいるだけで、自分が世の中に何か「よい」こととか、文化として「よい」ことかと、かかわりを持っているという感じがほとんどない。つまり、そういうものごとの真実性や妥当性というのは、不幸にして今日の学校教育ではあまり強調されてはこなかったかもしれないと、佐伯は言う。人びとが学びあっている世界では、人間が生きていることの真実性・妥当性の実感、つまり、「このことが（先行き）様々な真実の世界とつながっている」という実感が沸いてくる。そのことを、レイヴらは「学びは本来、正統的だ」というのである。そして、「大切な仕事」の予感につられて学ぶ姿こそが「正統的な学び」なのだという。

次に、正統的・周辺・参加の「周辺」ということであるが、これはどのような学びでも本来は周辺から始まるということである。例えば徒弟制度の場合、徒弟が最初にまかされる仕事は影響力の少ない、失敗しても問題にならないような「周辺的な」仕事からである。アイロン掛けにしてもボタン付けにしても非常に大切な作業であることには違いないのだが、それは「まちがえてもよい」仕事であり修正が可能だ。しかし、全体の仕事のなかでの役割ははっきりしており、失敗すればそれだけ損害は生じるわけで、その責任から逃れるわけにはいかない。ただ、そのダメージを容易にカバーできるような仕事だというわけである。

最後に、「参加」という概念だが、これは正統的周辺参加の考え方でもっとも大切な概念である。どのような初心者でも、メンバーの一員として何らかのコミュニティあるいは共同体に加わるということである。コミュニティや共同体の中で初めて「学び」が起こる。このような「学び」の側面が学校教育で着目されることは、ほとんどない。授業で学んだことが現実のコミュニティとどのようにつながっているのか、コミュニティの人たちと出会い、「仲間入り」することによって実感できることはほとんどないと佐伯は指摘する。このような「学習」において獲得した知識は、ほとんど「リアリティ」というものがない。何らかのコミュニティや共同体に加わり、そこで「学ぶ」ことが本当の学習なのである。

キャンディ売りの子どもたちの「学び」

稲垣ら（一九八九）は、アメリカの心理学者のサックスが行ったブラジルの路上でキャンディを売っている五歳から一五歳くらいの子どもたちに対する算数学習調査について紹介している。

ブラジルでは、建前は義務教育だが、日本のようには徹底していない。そのため、キャンディ売りの子どものなかには、学校に行っていなかったり、途中から行くのをやめてしまった子どももたくさんいた。彼らは貧しい家計を助けるため、学校には行かず、通りで道行く人やバスを待っている人に、いろいろな種類のキャンディを売り歩いているのである。

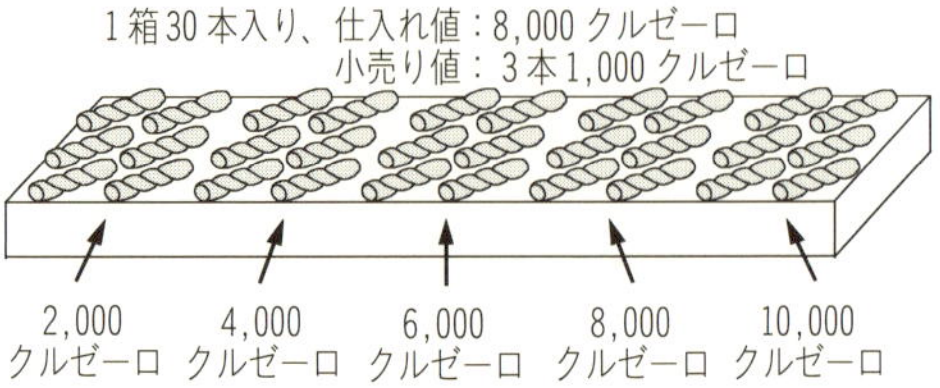

図4-1　キャンディ売り少年の値段のつけ方（稲垣ら　1989）

サックスの調査によれば、彼らは自分で卸売り店に行き、手持ちのお金で必要な数のキャンディを購入し、さらに自分でそれに小売り値をつけて売る。サックスが調査を実施した一九八五年当時、ブラジルは激しいインフレで、そのインフレ率は二五〇パーセントにも及んだ。つまり、子どもたちは刻々と変化するキャンディの仕入れ値を考慮して小売り値をつけて売らなければならなかった。

売り値のつけ方次第で売り上げは大きく異なる。仲間のキャンディ売りの値段に比べ自分のが高すぎると、誰も買ってくれない。しかし、あまり安くしすぎると儲けは少なくなってしまう。

客の多くは紙幣での支払いを好むため、何本か組にして売っていた。ここで、何本を何クルゼーロ（ブラジルの通貨の単位）で売るのが一番儲け率が高いかという問題が生じてくる。例えば、三本一組で500クルゼーロにして売ったときと、七本一組にして1000クルゼーロで売ったときとではどちらのほうが得かを考える必要がある。

サックスによれば、一二歳の子ども（学校経験は一年のみ）は、その日三〇本入りのキャンディを一箱8000クルゼーロで卸売り店から購入し、それを三本1000クルゼーロで売っていたが、サックスの質問に対してこんなふうに答えたという。

観察者：一箱いくらで売るの？
子ども：一万クルゼーロで売るよ。
観察者：どんなふうにして値段をつけたの？
子ども：（図4-1の箱を指しながら）こんなふうにして数えるんだ（三本一組で1000クルゼーロにしたものを示す）。これ（三本一組のもの）二個で2000クルゼーロ、もう二個で4000クルゼーロ、もう二個で6000クルゼーロ……もう二個で一万クルゼーロ。三本１０００クルゼーロで売ろうと思ってるので、こんなふうに数えるんだ。こうすれば箱の分全体で一万クルゼーロになる。
観察者：一箱分売ったらどのくらいもうかるの？
子ども：一箱８０００クルゼーロで買って、それを一万クルゼーロで売るんだから、もうけは２０００クルゼーロだよ。
観察者：いいもうけだと思う？
子ども：まあまあというところだね。二本１０００クルゼーロで売れば、なかなか売れないだろうし、四本１０００クルゼーロで売れば、損しすぎてしまうから。
観察者：こんなふうにしてキャンディを売ることをだれが教えてくれたの？
子ども：だれも教えてくれないよ。自分で覚えたのさ。

（稲垣ら　一九八九より引用）

▨キャンディ売りの算数学習

ここでサックスは、ひとつの実験をしている。被験者は、キャンディ売りの子どもたちのグループとそれ以外の子どもたちのグループである。

まず最初に、お金に関する基本的な知識を調べた。１００クルゼーロから一万クルゼーロまで六種の紙幣を示し、それぞれ、いくらの紙幣であるかをたずねた。その結果は、グループに関係なく、どの子どももほとんど完全に六種類の紙幣の金額を正しく言うことができた。各紙幣の金額が印刷されている部分をテープで隠し、その金額をたずねても、ほとんどの子どもは正しく当てることができた。しかし逆に、紙幣の金額の部分だけをみせたのでは、正答率がぐっと下がった。それは、必ずしも紙幣に印刷されている金額を読んでわかるというわけではなく、紙幣の図柄を手がかりにしているということを示している。これらの実験によるグループの差はほとんどなかった。

さらに、二種類の紙幣や硬貨を提示し「どちらのほうが大きいか」「どのくらい大きいか」そして例えば、「1000クルゼーロ紙幣が何枚あると一万クルゼーロ紙幣と同じになるか」などの質問をしたところ、これもグループの差はなくほとんどの子どもが正答できた。

ところが、実際にお金を使っての加減算では、キャンディ売りの子どもの有能さが目立ったという。例えば、各種の紙幣一二枚を取り混ぜて合計8600クルゼーロにし金額をたずねたところ、キャンディ売りの子どもたちは正しく答えることができたが、それ以外の子どもたちは正答できなかった。また、「卸売り店で一箱3800クルゼーロのキャンディを買って、5000クルゼーロ紙幣で代金を払ったら、おつりはいくら？」とたずねたところ、これも明らかに、キャンディ売りの子どものほうがそうでない子どもより正しく答えることができたのである。

さらに、「28＋26は？」と質問し、答えを導き出すときのやり方を調べてみたところ、キャンディ売りの子どもたちは、計算しやすいように数のグループをつくり直すやり方で計算した。つまり、「28＋26は？」の時には「(20＋20)＋(8＋6)」のように変形して計算するのである。キャンディ売りの子どもたちは、その経験のない子どもたちよりも、この方略を三倍近くも多く用い、正しい答えを導き出していた。

質問をキャンディ売りの話題に当てはめて出した場合には、両グループ間の差は歴然としていた。キャンディ売りの子どもたちは難なくその質問の答えを見つけることができたのに対し、キャンディ売りの経験のない子どもたちには困難であった。例えば、「キャンディ一本200クルゼーロで売るときと、三本で500クルゼーロで売るときでは、どちらのほうがもうかるか」という質問には、キャンディ売りの子どもたちだけが得なほうを正しく指摘できただけでなく、どちらがどれだけ得かについての説明も、適切にすることができた。ある一二歳の子ども（学校経験は一年未満）は、「一本200クルゼーロのほうが得だ」と答えたあと、「一本200のほうだと、500クルゼーロのほうを三本売れば、600クルゼーロになる。三本で500クルゼーロのほうだと、500クルゼーロにしかならない。100クルゼーロ損しちゃう」とその理由を説明している。キャンディ売りの経験のない子どもで、このような説明ができる子どもは、ごく少数でしかなかった。

キャンディ売りの子どもに見られたこのような数学に関する学習は、学校で教師から教わったものではなく、日々のキャンディ売りの経験を通して自ら学んだものなのである。日常生活では学ぶ必要性が明白であるため、通常、学校でしか学べないと思われているかなり高度な知識や技能でも、効果的に学ぶことができる。サックスが行ったキャンディ売りの子どもたちに関する研究は、このことを明確に示していた。

▨改めて、「学ぶ力」とは何か?

以上のような認知科学の研究成果は、私たちの「学び」を考える上でも、これまでのものとは根底から異なった視点の検討を要求している。

これまでの「学び」のとらえ方では、専門家としての教師の役割が非常に重要であった。教師が主導権を握り、子どもたちに積極的に教える。子どもたちは、その「教え」に従い、それにそって学んでいた。ここでは、子どもたちは受動的な学び手であるという暗黙の前提がある。だからこそ、「子どもたちの興味を引くような教材」ということが常に議論されてきたのである。

しかし、一旦その視点を学校から日常生活に移してみれば、子どもたちは決して受動的な学び手などではなく、積極的に学習していることに気づく。大人にはどうしても覚えきることのできないテレビの人気キャラクターの百以上の名前を、あっという間に覚えてしまう。野球の選手やサッカーの人気選手に関しては名前だけでなく、所属チーム、その年の成績、そして出身高校すら言える子どももいる。そして、おもしろい遊びなどはすぐに覚えてしまう。子どもたちは間違いなく、日常生活場面では能動的でかつ有能な学び手なのである。

それでは、彼らはそのような知識を、どのように学んでいるのだろう。子どもたちは、学校においては与えられた知識を頭の中に詰め込んでいるだけである。しかし、日常生活では積極的に環境に働きかけ、適切な対処の仕方を見出そうとする。彼らは環境や状況の中に自らの意味を見つけだし、それを「おもしろい」と感じながら積極的に学んでいるのである。

一九八〇年代の行き詰まりは、実験室という閉じられた環境、閉じられた状況のもとで起こった。しかし、認知科学では環境や状況の中で研究することの重要性が急速に高まってきた。そして、これまでの学校という閉じられた環境、閉じられた状況のもとで検討されてきた子どもたちの「学び」は、現在、環境や状況の中での研究の一環としてとらえ直そうとされている。

さらに、文化人類学の強い影響力は、「文化」の重要性の見直しを私たちにせまっている。日常生活は、その人が属している文化によって大きな影響を受ける。したがって、その「学び」に関しても文化は直接的、間接的に多くの影響を与えている。その文化独自の道具や施設を提供するという形で、学び手の学習や問題解決に対し

図 4-2　学校の様子はだいぶ変わったけれど……
（1960 年代の小学校）

文化がヒントや援助を与え、「学び」を容易にしていることが明らかにされている。

学習とは、頭の中に多くの知識を蓄積していく作業なのではない。そもそも知識とは、頭の中に存在する静的な体系ではないのである。そうではなくて、知識とは常に環境あるいは状況に埋め込まれているものであり、したがって本当の「学び」とは環境や状況の中で、それらと相互行為（相互作用）しながらしか成立することは不可能なのである。最新の認知科学は、そのような知見を私たちに提供してくれている。

第二部

二一世紀の「学び」を方向づける

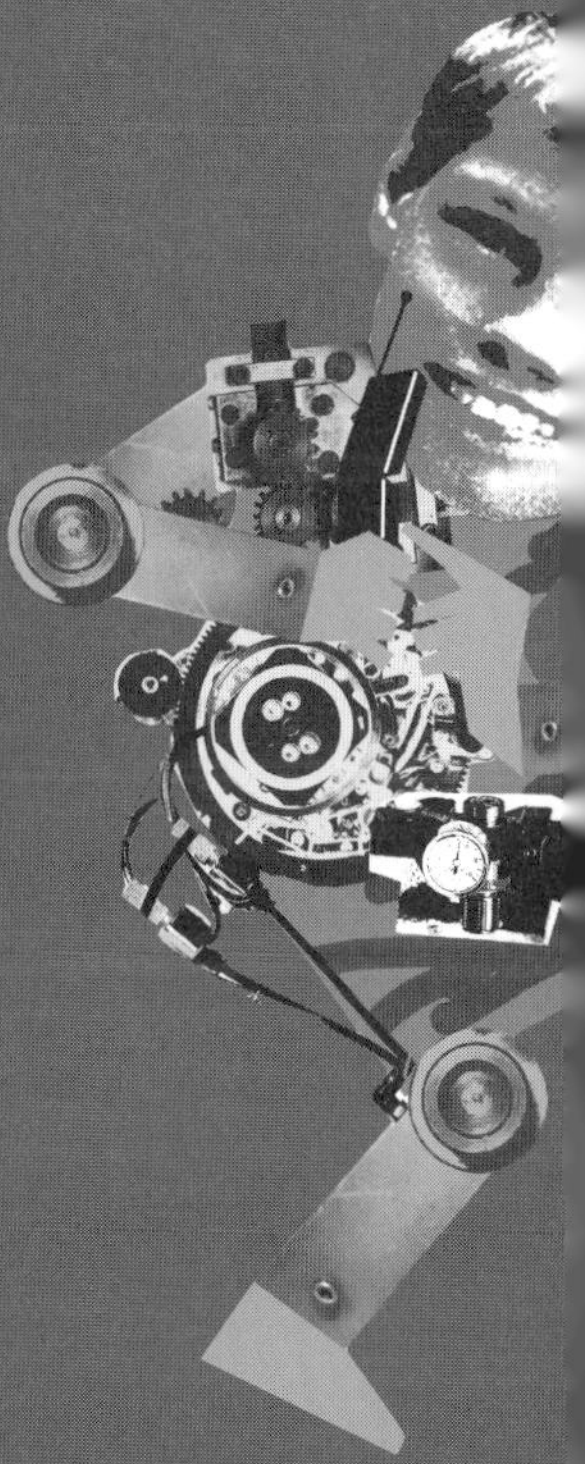

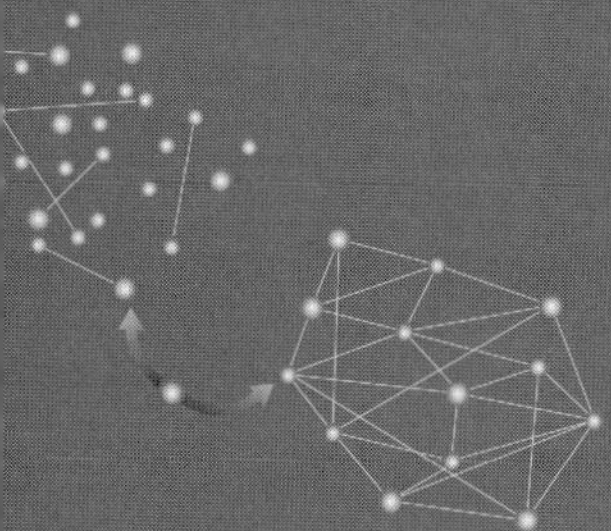

第五章　日本の「学び」をとらえ直す

二〇世紀から二一世紀へ

二〇世紀は間違いなく「科学」の時代であった。つまり、「近代西洋文明」を中心にして世界が動いていた時代である。それは、人間に対する探求や「学び」に対する探求に関しても例外ではなかった。あいまい性のない確かな知識を、できるだけ短時間で効率よく教え込むことが「教育」の使命であった。それは客観的に評価され、次の段階ではさらに効率的に多くの知識が教え込まれる。

しかし、これまで見てきたように二〇世紀もまもなく終わろうとする頃から、このようなパラダイムに行き詰まりが見えだしてきた。それは、最先端を突っ走っていた「コンピュータ・サイエンス」の領域において突然起こった。決められた条件の下では驚くほどの高性能さで完璧な仕事をしていたコンピュータ・プログラムが、日常という世界に出たとたん全く動かなくなってしまったのである。本書では、このような状況の説明を、人工知能を脳に持つロボットをモデルとして紹介してきた。結論を言えば、私たちが何気なく生活している日常という世界は、非常に複雑であいまいなのである。つまり、そこでうまくやっていくためには、無限ともいえる規模の情報処理が必要だったのである。そして、もし無限の情報処理が不可能な場合には、「無限の情報の中から、処理しなければならない情報を選択して処理する」ということをしなければならなかったのである。この作業は、それまでは非常に複雑で高度な作業と考えられていた科学的な計算や分析などとは比較にならないほどコンピュータにとっては困難な作業であった。そこでコンピュータ科学者やロボット研究者は「コンピュータやロボットにさせたいことを、ひとつひとつ系統的にプログラムする」というそれまでの常識を疑うようになった。これでは、ごく当たり前の日常世界で全く役に立たないのではないか、と。

そこでパラダイム・シフトが起こった。研究者は、次のように考えるようになったのである。「人間らしいロボットを開発するためには、ロボット自身が環境や状況の中で、自ら学ぶ必要がある。」

確かに、「環境や状況の中で自らが学ぶ」という考え方は、二〇世紀には忘れられていた考え方かもしれない。とにかく、この世紀は忙しい時代であった。「前へ進め、もっと前へ」という時代であった。そのためには、「環境や状況の中で自らが学ぶ」などと悠長なことは言ってはいられない。できるだけ短時間で、効率的に多くの知識を頭の中に詰め込むための研究が、世界中で行われた。その結果、二〇世紀後半までには多くの国々の人々に一見「幸福な時代」がおとずれたように見えた。しかし、それは単なる錯覚であったことを、今私たちは知っている。戦争、環境汚染、人々の心にたまり続けるストレス、学校教育の崩壊、犯罪の低年齢化……。

しかしながら、このような不安にもかかわらず、社会の高度情報化は勢いを増すばかりである。我々を取り巻く情報の量は増える一方で、様々な価値観も多様化の一途をたどっている。「個々の学びを大切に」というスローガンも耳にはいってはくるが、現実には「さらに短時間で効率よく多くの知識を頭の中に詰め込む」という作業は相も変わらず続いている。子どもたちの「学力低下問題」は、その作業をさらに加速させるだろう。本当に私たちは「環境や状況の中で自らが学ぶ」という本来の学びのスタイルを取り戻すことができるのだろうか？　そのためには、どのような考え方の枠組みを提案していったらよいのだろうか？

第二部では、高度情報化時代という現在を前提とした上で、本当の「学び」というものを探っていきたい。まず最初に「日本」という文化的視点から「学び」というものを振り返ってみたい。これはとりもなおさず、日本という環境あるいは状況の中で「学び」を探求している私の使命でもあろう。

子育ての日米比較

まず、東（一九九四）が行った一連の有名な研究から紹介しよう。東のグループは、一九七〇年代に約一〇年間にわたって、日本とアメリカの母親の育児態度を詳細に比較調査している。その結果、アメリカの母親が「教え込み型」育児だったのに対し、日本の母親は「しみ込み型」育児であることを明らかにしている（注：東は「滲み込み型」と漢字を使用しているが、本書では読者の読みやすさを考慮し「しみ込み型」という表現を用いる）。

まず東らは、日米の母親に対し「お子さんに文字を教えるためにどんなことをしましたか」という質問を面接調査している。すると、子どもの文字能力はほぼ同レベルだったが、日米の母親でその回答には大きな違いがあったという。アメリカの母親は自分がやった意図的な試みを具体的に答えたのに対し、日本の母親では「別に教えませんでした」という反応が多かった。その回答を受けて「ではどうしてお子さんは字が読めるようになったのですか」と問うと、「自然に」という答えが大半であった。次に「形の名前を教えましたか」という質問をした結果、「教えなかった」という回答が日本では六二パーセント、アメリカでは二五パーセントだった。また、「数を数えることを教えましたか」という質問に対する「教えなかった」という回答は、日本の母親で二九パーセント、アメリカでは九パーセントにすぎなかった。しかし、子どもが示したそれらの能力にはほとんど差はなかったという。

さらに東らは、四歳の子どもを持つ日米の母親に対し、実験的に子どもに対する対応の違いを明らかにしている。まず母親に、たくさんの積み木を一定の法則に従って特定の形や特徴の組み合わせで分類する作業を覚えてもらい、その後それを子どもに教えることを要求した。その結果、アメリカの母親は言葉によって分類の要素をひとつひとつ子どもに教え、それを子どもに言葉で確認しながら教えていくという、言葉による分析的で組織的な教え方であった。一方日本の母親は、言葉で教えるよりは、まず母親自らが子どもの目の前でやってみせ、次にその通り子どもにやらせてみる。できないとまた母親が自分でやってみせて、子どもに挑戦させ、その過程を繰り返すという方法が一般的であった。しかし、子どもが示した正答率や正答するまでの時間に差はなかった。

このような一連の調査や実験の結果から、東は次のように結論づけている。アメリカの母親は言葉で表現して分析してわからせる教え方、知識を持っている母親が権威をもって子どもにその知識を伝授するというやり方、つまり「教え込み型」の育児を行っている。それに対し日本の母親は、模範をやってみせることで、子どもにどうしたらよいか見つけさせるのが一般的である。権威をもって子どもの前に立ち知識を伝授するというのではなく、できてほしいという母親の「思い」を子どもにしみ込ませ、子どもはそれを原動力に一所懸命がんばるという、つまり「しみ込み型」の育児を行っていた。

「しみ込み型」の方略をとる日本の母親は、アメリカの母親に比べて、就学前の子どもにとりたてて意図的に教えることはしない。文字や数を直接教えることは避け、もっぱらよい環境を子どもに与えることにこまやかな配慮をする。子どもはとりたてて教えないでも環境から学習するものだし、周りの人々の真似をしたり大人を質問攻めにしたりして知識を取り込むもの、と考えるのである。これが日本の「しみ込み型」の教育をささえている学習観であると、東は指摘する。

▨「教え込み型」教育と「しみ込み型」教育

さらに東（一九九四）は、教育にも「教え込み型」と「しみ込み型」があり、それぞれその基本的な考え方から具体的な方略まで大きな違いがあることを指摘する。「教え込み型」教育の典型は近代以後に始まった学校教育であり、基本的に子どもは教えられることによって学ぶという前提に立つ。教える者と教えられる者とが向き合っての意図的な教授である。そこでは「教える者」（教師）と「教えられる者」（学習者）の役割がはっきり分かれて存在することが前提になる。教える者は、そこで必要とされる知識や技能を持っており、また教えるためのカリキュラムを持っている。教えられる者はその知識や技能を持っておらず、それを獲得することを必要としている。その落差が両者の間に権威と受容の関係を生むとする。

これに対して「しみ込み型」は、模倣および環境の持つ教育作用に依存する。環境が整っていてよいモデルがあれば、子どもは「自然に」学ぶという前提に立つ。ここでいう環境は、物の環境も含むけれども、より重要なのは人の環境である。人と一緒にいろいろな行動をしているうちに、人について、また人の持っている知識や技能や考えについて、自然に学習してしまう。「門前の小僧習わぬ経を読む」の類である。もちろん物の環境からのしみ込みもある。子どもをとりまく自然環境、遊び場所、遊び道具、ふだん耳にする音楽や目にする美術、読む図書などが子どもの心にしみ込んで跡を残すことは言うまでもない。ただこの場合でも、物だけの環境としてよりは人をいわば触媒として、人と物とが一緒になって形成する環境としてはたらく。

「しみ込み型」においては、教える者　学ぶ者の役割分化があいまいである。技量や習熟度の差はあり、模倣される側とする側の分化はあるにしても、同じ仕事に取り組んでいる。カリキュラムを定め実施する者とそれを受ける者というはっきりした権威の落差がない。言葉による伝達が少なく、教師からは短い評価と、質問に対する応答が送られるにすぎない。そのかわり教師は学習者と同じ環境で行動し、積極的な模倣を促す。

こういう教え方が成立するためには、教える者と学ぶ者の両者を隔てる距離が小さい必要がある。また学習は、学習することを自己目的にした活動のみによってではなく、生活的な活動の中で生じる。学習者が自分の興味や生活的な必要によって行う自発的な活動の中での偶然学習や試行錯誤と、尊敬や愛情の対象となる親や教師や先輩のやり方を身につけようとする模倣と、それを何回も繰り返してそれに習熟する努力とが、しみ込み型の学習を担うのである。

ただ、そのような教育作用を持つ環境が全く自然発生のままにまかされているわけではない。例えば、内弟子を持った師匠は、内弟子が芸を盗みやすいように環境を設定するだろう。親の場合でも、例えば子どもとどういう活動を一緒にするかとか、どういう種類の本を与えるかなどについて計画することで、教える者が環境をコントロールし、ひいてはしみ込み学習がどのように起こるかをコントロールすることは少なくない。しかし、「教え込み」におけるように、学習者の活動を直接にコントロールするのではない。教え手の仕事は環境を組織し、その教育的な作用を活性化し、その中での活動のモデルとして自らを提供するのにとどまる。

東は、昔から「教え込み」を避けようとする傾向が日本にあったのではないかと考え、一四世紀の能楽の宗匠だった世阿弥にまでさかのぼり検討している。世阿弥の書いた『花伝書』には、能楽の跡継ぎを育てる心得として、「幼いときは教えようとするな、自然に真似を始めるのを待て。真似を始めても、うまいだの下手だのと評価するな。ただよく見て、どの方向に伸びようとしているか見定めよ」という意味のことが書いてある。もちろん幼児期は生涯のうちでももっとも活発に学習が起こる時期であるが、子どもはとりたてて教えなくても環境から学習するし、周りの人々の真似をしたり質問攻めにしたりして知識を取り込む。これを活用しようというのが、世阿弥にも現れた社会化方略だったのではないだろうか、と東は述べている。

▨日本伝統芸道における「わざ」の習得過程

以上のような「しみ込み型」の教育が、学校教育での「教え込み型」教育と基本的に異なることは、生田も同様に指摘している。生田（一九八七）は、日本舞踊やお琴など日本の伝統芸道伝承過程を研究し、日本伝統芸道の「わざ」がどのようにして学習者に伝承されているのかということを明らかにしている。まず、それは現在の学校教育における「教え方」や「学び方」とはかなり異っているということに驚かされると同時に、これまで忘れかけていた人間の「学び」のひとつのスタイルを思い出させてくれる。そこでは「形」の「模倣」から出発する。例えば、日本舞踊の世界では、入門者は、お辞儀の仕方や舞台での最低守らなければならない作法を師匠から指示されると、いきなり作品の教授（習得）が開始される。入門したての学習者は日本舞踊のイロハも分からないままに、邦楽のテープに合わせた師匠の動作の後についてそれを模倣させせられるのである（図5-1）。

このような学習の方法は、ピアノなど西欧芸術に慣れ親しんだ者にとっては全くの驚きであるに違いない。例えばピアノの場合には、まず右手の動き、左手の動き、そして両手の動きを、つまりピアノのイロハを入門者の既存の知識に照らして順を追って教授を進めていく。

西欧芸術の場合、ひとつの「わざ」の体系はいくつかの技術の要素に分解され、それぞれを単元としたカリキュラムが組まれ、学習の易しいものから難しいものへという順に配列されていく。学習者は、ピアノならば教則曲、ハノン、バレエなら「パ（pas）」の練習に多くの時間をかけて、基礎がしっかり身についてから作品に入っていくのが常道とされる。

それに対して、日本古来の「わざ」の教授はいきなりひとつの作品の模倣から始められ、しかも段階を追って順に学習を進めていく方式はとられていない。易しいことから難しいことへと段階を追って進むのではなく、むしろ難しい課題を入門者に経験させたりするのである。あるいは、あえて段階を設定せず、学習者自らにその段階や目標を作り出すように促したりすることの教育的意義を重視している。つまり、日本伝統芸道における学習は、非段階的に進むという特徴を持つ。

したがって、そこで行われる「評価」も、西洋芸術のそれとは異なっている。模倣、繰り返しを経て、ひとつの作品が師匠から一応「上がった」と言われると、学習者は次の作品の練習に入っていく。しかしこの場合、次の段階に「進む」という明瞭な観念は師匠にも学習者にもない。現象的に言えば、ただひとつの作品の模倣が終わったのであって、また別の作品の模倣に入っていくにすぎないのである。

例えば、義太夫の師匠である竹本津太夫は、稽古の最中に「ダメだ」「そうじゃない」といった叱責を与えたのみで、どこがどういう理由でダメなのか教授することは稀であったと言われる。またよい時にもただ「そうだ、それでいいのだ」と言うだけで、学習者本人はなぜよいと言われたのかもわからないことが往々にしてあるという。したがって、一度はよいとされた動作をもう一度繰り返していると思っていても、師匠からは「ダメだ」と言われることもある。

図5-1 「わざ」世界を伝承する（写真提供：生田久美子）

「……ウンもいかん、スウもいかん……「まともにやったらええ」これだけしか教えてくれはりまへん」という学習者の言葉は、とても象徴的である。つまり、評価はきわめて厳格に与えられているにもかかわらず、学習者にはその評価のよって来たる根拠が直ちに（透明に）見えない、ということが日本伝統芸道における学習の評価なのである。そして、そのような評価の「非透明性」こそが、学習者の「わざ」に対する探求を持続させる。

▨学習者自身の「学び」ということ

生田（一九八七）によれば、様々な日本伝統芸道の習得プロセスに共通している特徴は、学習者はひとつの作品の全体的な模倣から出発するという点、また細かなカリキュラムもなく、易しいものから難しいものへと学習を積み重ねていくという、いわば学校教育的な段階的学習法とは全く異なるという点にある。

現象的にみるならば、学習者がなすことはただ模倣と繰り返しの連続であり、教授過程そのものも上位目標から下位目標へと下りてくるような明確な形で設定されているわけではない。そのような意味では、学習者が成功感を得ることは難しいと思われる。ある作品に進むためには、これこれの作品を仕上げなければならないという意識を明確な形で持つことはできない。また、教授のプロセスでは、師匠は細々とした指示あるいは評価を与えないし、また指示あるいは評価を与えるといっても誰にも同じような語り方をするわけではない。したがって、学習者はモデルとしての師匠の動きを追うことに専心するしかないのである。

こうした教え方は、ある意味で、余計に時間もかかるし、無駄が多いようにみえる。上位目標から順に下位目標がきっちりと規定されているならば、学習者は自分の努力によって遅々としながらも順調に上位の目標に向かって計画的に学習を進めていくことができる。しかしながら、伝統芸道の場合には、作品それ自体に明瞭な難易の順序がつけられているわけでも、また段階が設定されそれに応じて教授が進められるわけでもなく、むしろあえて段階を設定しないことの教育的意義が重視されている。学習者は、当の世界の様々な要素から、例えば日本舞踊の場合はその人の年齢、好みなどに合わせて、また茶道の場合には季節や道具に合わせて自分が学ぶべき作品や事柄が次々に決められる。そして、あてがわれた作品に取り組むプロセスで学習者自身が生成的に目標を豊かにしていくのである。

したがって、「これを上げたらいよいよ……ができる」といった学校教育的な意味での成功感を得ることはできない。学習者自身が、師匠の動作を模倣しながら自分自身で決めた目標に応じて得られる、内在的な成功感を下敷きにして、さらにより大きな目標を立てながらそれに向けて学習を進めていくわけである。

このように、伝統芸道における「わざ」の習得は、「体験」がまず先になされることを前提としている。そして、「型」の理解を目指すものであり、そのために、あえて当の「わざ」の体系を要素に分解したり、厳密な難易の段階を設定したりはしない。つまり、そこには細分化した部分の集合がすなわち全体であるという捉え方をしないということが示されている。

現在、日本の学校でふつうに行われている積み重ね学習は、二〇世紀当初から始まった科学的学習研究の成果を直接教育現場に持ち込んだものであった。しかし、ここにあげた伝統芸道で採用されている「模倣」「非段階性」「非透明な評価」といった特徴を持つ学習方法は、人間が持つもうひとつの「学び」のスタイルであることに間違いない。そして私は、これまでの常識的な「学び」とは異なる特徴を持つこのような学習形態が、むしろ高度情報化時代における「学び」として、見直されなければならないと考えている。

▨職人の「わざ」世界

「しみ込み型の学び」について、その現場をもう少し詳しくみていこう。生田（二〇〇二）は、職人の「わざ」の伝承過程の事例として、宮大工と旋盤工の事例を取り上げ、そこでの「教える」「学ぶ」形態に焦点を当てている。そこで探求しているのは、「手工的技術」の「卓越者」としての「職人」が手工的技術の「何を」そして「いかに」学んでいくのかという彼らの「教える－学ぶ」過程であり、またその背後にある「知識観」「教育観」である。そのために、生田は宮大工の西岡常一、旋盤工の小関智弘の言葉を詳しく考察している。

・山で木を見ながら、これはこういう木やからあそこに使おう、これは右に捻れているから左捻れのあの木と組み合わせたらいい、というようなことを山で見わけるんですな。これは棟梁の大事な仕事でした。（西岡　一九九三）

・たった一本の木でも、それがどんなふうにして種が播かれ、時期が来て仲間と競争して大きくなった、そこはどんな山やったんやろ、風は強かったやろか、お日さんはどっちから当たったん

やろ、私ならそんなことを考えますもんな。（西岡　一九九三）
・木の使い方というのは、一つの山の木でもって一つのものをつくる。これが原則ですわ。木のはえている場所を考えて、その性質を見抜かなあきません。我々は、そういうのを木の心と呼んでいます。こういうことを忘れてしまって、建物を寸法だけでつくったら、どうにもなりませんで。（西岡　一九八八）
・金属を削ったときに出る金属屑のことを、キリコと呼ぶ。……大工の親方が、弟子の鉋屑を見てその腕前のよしあしを判断したように、キリコもまた、機械工の腕の確かさを語る。……キリコを見つめていれば、金属素材のよしあしもわかるし、刃先が傷んできたかどうかもわかる。刃先が傷んで切れ味が悪くなれば、キリコの形も色も変わる。音も変わる。……キリコの色や形の微妙な変化を見てとれないようでは、一人前の機械工とはいえない。（小関　一九八五）
・熟練工の特質は、腕の器用さではなくて、仕事を見る眼にある。部分ではなく全体を見る眼を持っている。仕事の奥ゆきを見る眼を持っている。（小関　一九八五）

生田は、このような西岡と小関の言葉から、彼らの言明に共通していることは、職人が学ぶべき手工的技術の卓越性を、たんなる反復や繰り返しといった身体的訓練を通して獲得できる「手先の器用さ」ではなく、むしろそうした身体的訓練を通して「素材」を知り、その「素材」をどのように生かしていくかを知ること、すなわち知的な「総合的な判断力」として捉えている点であるとする。宮大工西岡と旋盤工小関が語るように、職人の「わざ」の世界において最終的に「学ぶ」べきことは、「形」をつくりあげる「技術」を超えた西岡が言うところの「技法」、また小関が言うところの知的な「総合的な判断力」にほかならない。そうした「学び」のめざす方向が自ずから「仕事の現場」と「生活の場」の共有を「教える－学ぶ」の有効な方法として成立させることになる。

・小さいころから仕事場に連れていかれて置いておかれますのや。何もせんでいいからそこで見ておれというんですな。……そうやっていますと、子供心にも働いている人の仕事ぶりや腕のよしあしというのが感じられるんです。あの人はうまい、この人は余りうまいことないな、というのがわかりますのや。（西岡　一九九三）

・私らが「大工にしてくれ」といわれて子供さんを預かりましたら、一緒に飯を食って生活しますな。寝食を一緒にすることで、仕事にも大工の生活にもなじんでくるんです。大工というのは現場に出ているときだけやないんです。生活も大工なんです。（西岡　一九九三）

・熟練は集団のなかでしか獲得できないし育たない（小関　一九八七）

つまり、職人として学ぶべき「わざ（技法）」は「仕事の現場」や「生活の場」の中で伝承されるものであると、生田は強調する。

▨貝原益軒の教育論

東らが指摘している日本の母親に特徴的な「しみ込み型」の育児や、生田が明らかにした日本伝統芸道における「わざ」の伝承過程は、江戸時代の儒学の学習にまでさかのぼることができる。辻本（一九九九）は、東が「しみ込み型」とよんだ教育モデルが、日本のほとんどあらゆる伝統的な学びの場において、教育や学習の原理として生きていたと考え、それを江戸時代の学びの場である「手習塾」（いわゆる寺子屋）や藩校における儒学学習の課程や方法に見いだしている。特に、貝原益軒の教育論に着目し、このような教育思想が日本の伝統社会のなかから生成されてきたことを明らかにしている。

辻本によれば、益軒は素読の効用を強調してやまなかった。心を集中して書の文字を見て、繰り返し口に唱えることでテキストを「自然に覚えて」いく。心や眼や口などといった身体の多くの器官を動員して「読書」行為がなされる。その意味で素読とは、経書テキストをまるごと自らのからだの内部に獲得し、〈身体化〉する過程であると言ってもよい。俗にいう「からだで覚える」というのに相当するという。素読を通じて〈身体化されたテキスト〉は、それ自体で直ちに実用の役に立つような知識ではない。しかし、やがて実践的な体験を重ねるうちに、それらの様々な場面のうちに新たなリアリティを持って実感され、よみがえってくる。いわば具体的な実践の場において実感的にテキストの意味が理解され、かつそれが道徳的な実践主体として、人としての生き方のうちに具体化されて示されるようなものである。経書というテキストの〈身体化〉によって獲得される

「儒学の知」とは、このような性質を持っていたと辻本は理解する。

全く同様に幼児は、自己をとりまくあらゆるもの、特にもっとも身近な保育者を見習い、聞き習いをして、それを真似ていくものである。真似て「習い馴れ」ていったもの、それが子どもの心の「あるじ」となっていく。そして、「模倣」と「習熟」によって心の「あるじ」となってしまったものは、生まれついた「性」と変わらないものになるというのである。つまり、明らかに無自覚のうちになされる「模倣」と「習熟」の過程こそ、人間形成のもっとも重要な契機であると、益軒は考えていた。

ここで重要なことは、益軒は「教える」ということは、何事かを積極的に教え込むことではなく、実際にはよくないことを「戒める」ということによってなされるのだ、と考えていたことである。「教え」というのは、今日考えられているような、大人が子どもに一定のカリキュラムに従って体系的・積極的に「教え込む」ことではない。子どもの「学び」は、外部から教えが強要されるものではなく、子どもが自らの力、五感を動員して、周りの人々や環境を「見習い聞き習い」しながら、さまざまな活動を繰り返し、たえず学ぶことによって成立している。ここでは、子どもが自らの活動によって自力で学んでいるということ、そのことがまず何よりの大前提になっている。そのうえで、子どもがあるべき規範を逸脱しはみ出した場合に、それを見逃さず指摘し、厳しく戒めること、これが益軒のいう「教える」ということなのである。むしろ、「教えない」あるいは「教え込むということをしない」教育といった方がよいとしている。

以上のように「教える―学ぶ」を考える益軒は、「身体」というものを重視している。益軒によれば、幼い子どもがそれと自覚しないまま行っている模倣と習熟の過程こそ、身体を動員した教育＝学習システムの原型にほかならない。つまり「学び」は、「意識化された心＝言葉」を媒介とするものではない。本当の「学び」とは、言葉による「教え込み」の方法ではなく、身体的な自己活動による「しみ込み型の学び」にほかならない。

▒二一世紀の「学び」を考える前に

現在、学校教育に限らず、教育や「学び」を考えるとき、近代西洋的な教育の枠組みで考えるのが一般的になっている。これは、江戸時代末期から明治時代にかけて、外部から近代西洋文明が日本にもすさまじい勢いで入ってきたことに由来する。近代西洋的な、いわゆる「教え込み型」の教育が学校というひとつのシステムを支配するなかで、それまで日本において伝承されてきた「しみ込み型」教育は急速に消滅していった。

「教え込み型」教育では、言語化された知識のみが着目されてきた。国語、数学（算数）、理科、社会などの教科のカリキュラムは理論的に体系化された知識の教育に他ならない。さらに、本来は生活の中で学んでいくはずの道徳ですら、言葉を中心にして教え込まれてきた。逆にいえば、教育や学習において身体性についてはほとんど配慮されてこなかったのである。近代の教育システムにおいて問題化される身体とは、科学の対象としての「自然」の領域、つまり「人体のしくみ」や健康・衛生の領域か、体育の時間に鍛えるべき肉体しかない。そこには、日々の生活の中で「学ぶ」主体としての身体という視点は全く抜け落ちている。

本章では、日本において昔から継承されてきた「学び」について、比較的最近の研究を紹介してきた。日本の母親が（少なくとも一九七〇年代までは）行っていた「しみ込み型」の育児、日本伝統芸道や宮大工職人などの「わざ」世界の伝承、そして貝原益軒の儒学教育など、そこには今ではすっかり忘れられている「もうひとつの学び」が確実に存在していた。

そのような日本の教育や「学び」の現場には、近代西洋文化とは異なる価値観や世界が広がっていたことは、ここで紹介した研究以外にも多くの研究者が指摘していることである。例えば田中は、江戸の文化について幅広く研究しており、江戸文化では様々な情報が高度情報化時代の現在と同じようにネットワークを形成していたこと（田中　一九九三）やこの時代に存在していた「江戸の音」が単なる物理的な波にとどまらず多くの意味性を含んでいたということ（田中　一九八八）など、本章で取り上げた「学び」を考える上での背景として興味深い検討をしている。また、次に示したような小松・荒俣の民俗学的な検討も同様に興味深い（小松・荒俣　一九八七）。

民族社会ではまだ幼い子どもを脅かすのに、山から「モモンガーが来るぞ」とか「モーコが来るぞ」というでしょう。でも、その姿かたちはほとんどなきに等しいんですね。「魔物」とか「妖怪」「お化け」が来るぞ、ということだと思うのですが、子どもはその言葉を聞いたとき何か具体的な形をイメージしたんでしょうか。それともただ恐ろしいものだと思って怖がったんでしょうか。言葉だけで実体がない、「意味するもの」だけで「意味されたもの」がないから怖かったのとちがいますかね。

……中略（引用者）……博物学や生物学が成立したときに、いちばん最初は、やっぱりいるものといないものの区別をする。当然、いないものはカタログから外されるわけです。でも外されては困るんですよ。そのあたりが科学の偏狭なところで、いるかいないか、というのは実体としてどうかという区別にすぎない。しかし人間が通常使っている概念やイメージは、かならずしも実在するものばかりではない。概念として「社会主義」や「道徳」などといっても、そんな実体があるわけじゃない。思想にしてもイメージにしても、そういうものなんです。しかしカタログから外されたものは、それがどういうものか、どんな属性をもっているのか、というテキストまでなくなってしまう。このテキストはもういちど復活させてやらないとだめです。昔に戻るということではなく、ここまで情報化が進んだ現代においては、ないものについての情報もある程度管理できなくてはいけないと思う。それをやらないで、文化だ歴史だと言っても何にもならないのに、これまで自然科学や歴史科学はそういったものを撲滅しようとしてきました。

（小松・荒俣　一九八七）

また、海外の研究者から見ても、日本の文化や社会は、西洋のそれとは全く異なる特徴を持っていることがしばしば指摘されてきた。例えばR・ニスベットは、その著書『木を見る西洋人　森を見る東洋人』の中で次のように指摘している（Nisbett 2003）。

ヨーロッパ人の思考は、「対象の動きは（それが物体であれ、動物であれ、人間であれ）単純な法則によって理解可能である」との前提の上に成り立っている。西洋人はものごとをカテゴリーに分類することに強い関心をもっている。なぜなら、分類することによって、今問題になっている対象にどの規則を適用すればよいかがわかるからである。また、問題解決に当たっては形式的な論理規則を適用することが有効だと信じている。

これに対して、東アジア人は対象を広い文脈の中で捉える。アジア人にとって、世界は西洋人が思うよりも複雑であり、出来事を理解するためには常に複雑に絡み合った多くの要因に思いを馳せる必要がある。

（Nisbett 2003）

現代の日本における教育の崩壊や子どもたちが荒れているという問題の根っこを突き詰めていけば、「学び」のスタイルとその背景にある日本文化との「ずれ」というような本質的な議論にまで発展していかざるを得ない。つまり、江戸文化までの東洋的なパラダイムから、明治以降の急速な西洋化、それに伴う教育の西洋化が現代になって大きな「ひずみ」として表面化しているのかもしれない。

　今、我々が早急に行わなければならないのは、我々日本人が長い歴史の中で「どのように学んできたのか」を振り返り、認識することである。（決して、それに戻れとは言わないが……）そして、ひょっとすると読者には意外なことと感じるかもしれないが、私自身は、ますます加速し続ける高度情報化時代にこそ「日本の伝統的な学び」が有効であると考えている。このことに関する詳しい検討は、第七章でもう一度行おう。

図 5-2　子どもたちに伝承される「わざ」の世界

第六章　高度情報化時代の「学び」

eラーニングという「学び」のスタイル

コンピュータやインターネットの発達によって、「学び」が大きく変わろうとしている。一般に「eラーニング」とよばれる新しい学習スタイルが急速に普及してきた。eラーニングは、まさに二一世紀・高度情報化時代にふさわしい「学び」のスタイルである。「いつでも、どこでも、誰でも」というあのフレーズに象徴されるように、忙しいビジネスマンや子育てにあけくれる主婦でも、都市から遠く離れた土地に住んでいる人たちでも、そして高齢者や障害者などのように移動に大きな負担がかかるような人々でも、やる気さえあれば気軽に学習することが可能になる。そして、その内容も基礎的な知識から、時にはノーベル賞レベルの専門知識まで学ぶことができる。例えば、東北大学インターネットスクールでは、全学規模で講義の配信に向けての準備が進んでいる。研究領域によっては、将来、インターネット講義だけで単位を取り修士号や博士号を取得することも可能になるかもしれない（渡部　二〇〇五）。

このようなeラーニングは、まさに二一世紀の「学び」のスタイルと言うことができるだろう。本章では、このeラーニングという新しい「学び」のスタイルについて、少し詳しく（そして、少し慎重に）検討していこう。

まず、eラーニングを最先端の情報技術、つまりITを道具として活用した学習スタイルといった視点から理解することも当然可能である。この視点では、eラーニングがいかに最先端の情報技術を活用して行われるのかが問題になり、情報技術が進めば進むほど効果的な学習が可能になると考えられる。例えば、回線が太くなりインターネットで高精細な映像を配信できるようになれば、eラーニングは飛躍的に発展することになるだろう。医学教育における外科手術の様子などは、高精細な映像でなければ伝えられない。また、植物や生物の映像、あるいは顕微鏡で見た映像なども高精細なほど学習には役だつ。古文書などの高精細な映像を配信できるようになれば、文字だけではなく紙についたシミや虫食いの様子などをもリアルに伝えることができ、大きな学習効果をもたらすだろう。また、学習の継続にとって「飽きる」ということは最大の障害となるが、高精細に映し出される様々な映像に驚き、対象を実際に見ていると感じながら学習することが可能になれば、学習の持続という点でも効果的であろう。学習者にディスプレーの存在を忘れさせ、ディスプレー内のコンテンツにリアリティを感じて学習してもらうためにも高精細な映像は非常に重要なのである。

図 6-1　e ラーニング画面の一例

さらに、eラーニングにとって、「バーチャル・リアリティ」は力強い武器のひとつである。例えば、「ヘッド・マウンティング・ディスプレー」と呼ばれる頭からすっぽりとかぶるディスプレーは、目の前の広い視野にバーチャルな世界を映し出すことができる。あるいは、二畳ほどのブースの中にバーチャルな世界を再現し、学習者はこのブースの中に入る。すると壁には多くの貴重な絵画が並び、あたかも自分がルネサンス時代フィレンツェの建物の中にいるような体験ができる。そして、天井を見上げれば、ダビンチが描いたマリア像を見ることができる。まさに、リアリティを持って、建築の、そして絵画の学習ができるのである。さらに、ヘッド・マウンティング・ディスプレーとバーチャル・グローブを併用することにより、リアリティのある遠隔操作が可能になった。例えば、外科手術の実習などにこれらの装置を用いることにより、手術室以外の場所にいながら実習に参加することも可能である。

未だインターネットの回線速度などインフラ整備の問題が残されており、これらの技術が実際のeラーニングに利用されるまでにはまだ時間がかかる。しかし、これが可能になれば、「教室」や「実験室」という概念すら変わってくるかもしれない。

▨ユビキタス・コンピューティング

コンピュータやインターネットによる「学び」と言えば、まず最初にイメージされるのは、自分の部屋や茶の間で好きな時間に自分のコンピュータに向かって学習するといったものである。そして第二に、いわゆる「モバイル・コンピューティング」と呼ばれるスタイルを考えることができる。つまり、無線でインターネットにつながったノートパソコンを利用すれば、公園や電車の中で学習することも可能になる。このモバイルでの学習スタイルが普及していけば、まさに「学習はどこでも可能」ということが現実のものとなる。もう、学校という「場」の必要がなくなってしまうかもしれない。

しかしながら、社会の高度情報化は決してこのレベルにとどまってはいないだろう。近年、これまでの想像をはるかに超えるような高度情報化の兆しがみえてきた。それは、「ユビキタス・コンピューティング」と呼ばれる。「ユビキタス」の語源はラテン語で、「いたるところに存在する」という意味である。しかし、その意味するところは単純ではない。

まず、「ユビキタス・コンピューティング」の表面的な意味は、まさに「利用可能なコンピュータがいたるところに存在する」ということである。つまり、ひとりで複数のコンピュータを使う時代になる。「ひとりで複数のコンピュータを使う」と言うと、「もうすでに自分は実現している」と言う方も多いだろう。会社と自宅のそれぞれにコンピュータがあり、さらにノートパソコンを通勤電車の中で使っている。そして、もちろんその三台はインターネットでつながっている。確かに、現在でも複数のコンピュータを所有している人は珍しくない。

しかし、「私は一台しか持っていない」と言う人でも、実際には生活の中で多くのコンピュータを使用している。銀行でお金をおろすときにも使っているだろうし、総合病院の受付でもコンピュータを利用している。さらに、「コンピュータらしくないコンピュータ」、つまりチップ型のコンピュータが世の中にはあふれかえっている。そして、現在もどんどん増えている。携帯電話、冷蔵庫、電子レンジ、洗濯機、エアコン、自動車のエンジンや電機系、自動販売機、心臓病の患者さんが使うペースメーカなどの医療機器……これらにもチップ型コンピュータが入っている。しかも、それらのコンピュータは無線によってすべてインターネットに接続可能なのである。

そしてもうひとつの「ユビキタス・コンピューティング」は、意外かもしれないが「近距離」ということがポイントになる。これまでは、どんなに遠くにある情報でも瞬時にアクセス可能であることがメリットとされてきた。しかし今後は、逆に「近距離」ということがポイントになってくるだろう。そのメリットは沢山ある。まず、世の中にある無限の情報の中からどの情報を自分のものとして取り出すかという問題が解決される。つまり、「ユビキタス・コンピューティング」によって自分にとって物理的に近い情報が優先的に取り出せるということになる。それは必然的に「現場で学ぶ」ということの復権を意味する。例えば、これまでは、どの国で咲いている花についても同じように情報を収集することができたが、「ユビキタス・コンピューティング」ではその国に行った人、そしてその花の前に行った人だけが優先的により詳しい情報を取り出せ、その花について学べるようにすることも可能である。

このような「近距離」性のメリットは、セキュリティという面でも大きい。つまり、現在のように自分の個人情報が世界中どこからでも同じようにアクセス可能ということが回避できる。世界中に公開された情報とは別に、例えば自分の家から半径二〇〇メートル以内の町内の人だけがアクセス可能な情報を区別して公開することが可能になる。このような技術は、患者の取り違いを避けるために医療現場などでも利用されるようになるだろう。

最後に、これには大きな問題点もあるが、チップ型コンピュータ自体を人間の身体に埋め込んでしまうということも技術的には十分可能である。さすがに埋め込んだコンピュータと脳細胞を接続して、労せずに学習するということはまだまだ多くの時間と倫理的な議論を要するだろう。しかし、例えばチップ型コンピュータに自分の興味や関心領域、その知識のレベルなどの個人情報を入力し、それを眼鏡や腕時計など身につけるものに埋め込んでおけば、日常生活のいたるところで自分にとって適切な情報だけを選択的に獲得することができる。例えば、ぶらりと本屋さんに行っても、自分の興味あるジャンルの新刊情報が備え付けのモニターで見ることができるようになるだろう。

このように考えると、「ユビキタス・コンピューティング」の出現は、「学び」のスタイルを大きく変える可能性を持っている。

▒何かボタンをかけ違えているような……

高度情報化時代の「学び」についてテクノロジーの発展という側面から見てきたが、ここで少し視点を変え、eラーニングの「意味」自体を考えてみよう。まず、私が実際に経験したエピソードから話しを始めたい。

最近、東北地方で行われた先生方に対する研修会にアドバイザーとして招かれた。そこで、インターネットを活用して交流学習に成功したという小学校の先生と大学の先生との共同研究の発表を聞いた。この発表を聞いていたほとんどの先生方は、このとり組みをかなり高く評価したようである。会場からはしばしば感嘆のため息が聞かれ、発表の後は割れんばかりの拍手だった。確かに、大学の先生の理論的背景に基づき現場の先生が実践したこの研究は、コンピュータやインターネットを活用した教育としては最先端なものかもしれない。しかし、私はこの研究に対し大きな違和感を持った。発表の概要は、以下の通りである。

まず大学の先生が、コンピュータやインターネットは単なる「道具」であり、重要なのは教師や生徒、つまり人間であるという大前提に立つことを声高に宣言する。さらに、あくまでも「子どもたちがやってみたいこと」「子どもたちが調べたいこと」がまず最初にあることが重要であると言う。「子どもたちがやってみたいこと・調べたいこと」がまず最初にあって、それを道具であるコンピュータやインターネットを活用してやってみたり調べたりする。この時、先生の努力しだいで、効果的な交流学習も可能になるという。

次に小学校の先生が、実際の実践を報告する。ここでも、コンピュータやインターネットは単なる「道具」であること、そして教師の努力や人間的ネットワークによって交流学習は成功することが強調された。

先生が子どもたちに意見を聞いたところ、「調べたいこと」は「ゴミの調査」と「学校の周りに咲いている花」だった。そこで、子どもたちは「日本のゴミを減らしたい」と思い、「どうすればゴミを減らすことができるのか」をインターネットを活用して調べた。また、他のグループの子どもたちは「学校の周りの花」に興味があり、インターネットで調べた。ある程度資料がまとまった時点で、先生は交流学習の「お膳立て」を開始した。教師の役目は、「一方的に教え込むこと」ではなく「学習をコーディネートすること」だという。先生は知人だった遠方の教師のもとを実際に訪ね、交流学習の打ち合わせを開始した。打ち合わせはとても盛り上がり、夜はお酒を飲みながらの打ち合わせとなったそうだ。いわゆる「飲みにケーション」が重要であるとその先生は強調する。どんなにデジタル・ネットワークが発達したところで、やはり重要なのは人間同士のコミュニケーションであるというわけである。このような綿密な、そして人間的なお膳立てがあって初めて、デジタル・ネットワークによる効果的な交流学習が可能になったというのが発表のポイントだった。

この発表を聞いていた多くの先生方は、とても感心していた様子だった。しかし、私には言いようもないほどの違和感が残った。そして、芋づる式に疑問が沸いてきた。

本当に子どもたちが調べたいことは、「ゴミの調査」や「学校の周りの花」なのだろうか？　本当に子どもたちは、日本からゴミをなくしたいと切実に思っているのだろうか？　本当に子どもたちがやりたいことは、学校の周りをきれいな花でいっぱいにすることなのだろうか？

少なくとも私がこれまでにつきあってきた子どもたちは、そんなことは思っていなかった。彼らが知りたがっているのは、今夢中になっているゲームの攻略法、ゲームクリエータやプロサッカーの選手になるためにはどうしたらよいのか、もっと現実的には、今日の給食のおかずは何なのか……など。子どもたちのやりたいことが「ゴミを減らすこと」や「学校の周りの花をふやすこと」と思っているのは、教師だけではないのだろうか？　そんなささいなことが、とても気になりだしてきた。

▒コンピュータは単なる道具か？

そんなふうに考え出すと、現在の教育はとても「ウソ臭い」と思えてきた。ウソ臭い……つまり、バーチャル。全く実生活とは関係のない「学校」という世界でだけ通用する常識や「学び」。現在、日本の学校では実生活とは関係のないリアリティのない「知」を扱っているのではないのだろうか？

「子どもたちがやってみたいこと・調べたいこと」がまず最初にあって、それを道具であるコンピュータやインターネットを活用してやってみたり調べたりすべきだという主張は一見正しく思える。しかし、多くの子どもたちはその「やってみたいこと・調べたいこと」がないか、あっても気づいていない。ゲームクリエータになる方法は、今の学校では教えてくれない。ひょっとしたら、学校で教わることは「ゴミを減らす方法」や「酸性雨について」だと思いこまされているのかもしれない。

確かに、大人にとって、コンピュータやインターネットは単なる道具かもしれない。しかし少なくとも、物心ついたときからコンピュータやインターネットが目の前にあった子どもたちにとって、それは道具というよりは「環境」あるいは「状況」である。つまり、子どもたちはコンピュータやインターネットがごく普通に使えるという環境（状況）の中で生活している。それが、情報化社会の「当たり前」なのである。そして、これまで見てきたように、「学び」は環境や状況との相互作用の中で生まれる。

そのように考えれば、「子どもたちがやってみたいこと・調べたいこと」がまず最初にあって、それを道具であるコンピュータやインターネットを活用してやってみたり調べたりするのではない。インターネットにつながったコンピュータが当然のこととして目の前にあり、何気なくインターネットをいじっているうちに何となく自分の興味あること、自分でやりたいと思うことが浮かび上がってくるのかもしれない。あるいは、何気なく携帯電話のウェブ・サイトを見ていたら、突然興味がわくことだってあるだろう。

さらに、学習コーディネータとしての教師のお膳立てがあってはじめて、交流が始まるのでもないだろう。むしろ、子ども自らが能動的にネットの向こう側にいる相手にアクセスして、そこから突然交流が始まるということかもしれない。そのようなことを言うと、「ネット上には危険がいっぱいある」という批判を浴びせかけられる。しかし、私たちが本当にしたいこと、知りたいことというものが清く正しく美しいものであるという保証はどこにあるのだろう。そこには、当然のごとくある程度のリスクがあるはずである。いや、多少のリスクがあるからこそ、「やってみたい」「知りたい」という気持ちが生まれるのかもしれない。はじめから「転ばぬ先の杖」式に、子どもたちの周りからすべてのリスクを取り去ることに私は賛成しない。なぜなら、「転ばぬ先の杖」式の教育では、いつまでたっても子どもはどうすればリスクが回避できるのかを学ぶことはできないからである。もちろん、最低限のリスク回避は大人の義務であるとしても、必要以上のガードは高度情報化社会の中で生きていかなければならない子どもたちにとっては有効ではない。そのような行為は、子どもがリスクを自ら回避する能力の育成を阻むことにもなりかねない。インターネットの有効性の裏には、当然「リスク」もある。だからこそ有効だし、おもしろい。「危ないものには近づかない」のではなく、何とか最小のリスクでインターネットを利用したリアリティのある「学び」を子どもたちに提供できる方法を、私たちは今、真剣に考えなければならないだろう。

ひとつのエピソードとして、インターネットを活用した交流学習について、そしてその研究発表についての私の違和感を示した。ここでのポイントは、このエピソードが「学び」の枠組みは従来のままで、単に情報技術を道具として利用しようとしたことにある。二〇世紀・工業社会における自体も変わってくることを、決して忘れてはならないのである。

「学び」のスタイルの中でどのように道具として活用していけばよいかだけを考えていればよかった。しかし、二一世紀・高度情報化時代において、コンピュータやインターネットなどのテクノロジーは「学び」の環境であり状況である。そして、「学び」のメディアが変われば当然その「学び」

▨eラーニングによって変わる教育

さてそれでは、eラーニングの普及によって、具体的にどのように「学び」に変化が現れてくるのだろうか？　例えば、わざわざ教室に行き、眠気と戦いながら先生の講義を聞くのではなく、自分の頭がさえている時間に自分の部屋でコンピュータのディスプレー上に配信される先生の動画を見る。わざわざ重い教科書や辞書、資料集を持ち歩くのではなく、インターネットからダウンロードしたマルチメディア教材をフルに活用する。このことを考えただけでも、eラーニングは私たちの行動様式や生活スタイルを根底から変えてしまうことがわかる。よいことばかりではない。先生との人間関係は極端にニュートラルになり、先輩や同僚との飲み会の場で学ぶということもほとんどなくなってしまうだろう。多くの先輩たちが学んだ講義室で自分も学問をできるのだというワクワクしたあの感触は、もう味わえなくなってしまう。

しかし変化が現れるのは、このような表面的な側面だけではない。もっと「学び」の本質にかかわるような変化も徐々に現れてくるだろう。例えば、「学び」の評価は大きく変わってくる。eラーニングにおいて教師側の立場になると最も不安なのは、ネットのあちら側で学習している学生が本当に登録している本人なのかということである。また、普段の講義は本人が受けていたとしても、ひょっとしたらテストの時やレポート提出は登録者とは別の誰かが行っているかもしれない。もちろん、様々な技術的な工夫によって本人であることを確認することはできるかもしれないが、それでも完全ではない。そもそも、そこまでして本人を確認した上で「学んでいただく」必要があるのかという根本的な疑問も生じてくる。

たぶん、eラーニングにおいては、カンニングや替え玉受験など、何でもOKということを前提としなければやっていけないのだろう。つまり、教育の評価自体、従来とは全く異なった観点で実施していかなければならないのだろう。そして、さらに言えば、そこにカンニングや替え玉受験をしたところで学習者にとっては何のメリットもないというような、従来とは異なる「教え－学び」のスタイルが生まれる。

その他にも、次のような変化が生じるだろう。私が担当している講義では、教室にノートパソコンを持ち込むことを推奨している。学生の何人かは、講義ノートをコンピュータのワープロでとっている。そのような講義の中で提出されるレポートを見て、私は昔の手書きのレポートとはだいぶ様相が異なることをしばしば感じてきた。ほとんどのレポートが、「コピー・アンド・ペースト」で構成されているのである。そのことは、彼らの書いたレポートを読めばすぐにわかる。はじめは小学生が書いたような文章が続いたかと思うと、その後に突然、哲学者が書いたような文章がくる。たぶん始めは自分で書いて、その後はホームページなどの文章を「コピー・アンド・ペースト」したのだろう。

このような事実も、表面的には「学生の文章力が低下した」ということかもしれない。しかし、私がもっと関心を持っているのは、手書きからワープロに変わったという「自己表現の手段」の変化である。もし、「書くこと」が自分の思考を外在化する行為だとしたならば、それがワープロに変わることによって、自己思考の外在化自体にも変化が生じる可能性がある。例えば、印刷の発明によって、書き手はそれまでの写本時代とは大きく異なる精神状態で自己表現したに違いない。その違いは様々であろうが、少なくとも読者の数が爆発的に増えるということは、書き手にとって大きなエネルギーになると同時に大きなプレッシャーにもなるはずである。

同様に、みんながひとつの教室に集まって議論したり討論したりすることも、eメールやチャットに置き換わってくる。このメディアの変化も「議論」や「討論」の意味自体を変えていくことになるだろう。

いずれにしても、eラーニングは、単に従来の学習を情報化ツールで便利にするだけのものではなさそうである。私たちの行動様式、生活スタイル、「学び」のスタイル、そして「学び」の価値観までをも変えてしまうような大きな教育改革なのである。

▨リアリティの異なる時代

私の生まれた一九五七年当時、我が家にあった電気製品といえば、せいぜい照明とラジオくらいだった。私が三歳の時、見知らぬおじさんたちが何か大きな箱を運んできた。その箱を開けてタンスの横に置いたとき、私はそれが「テレビ」というものであることを知った。父がおそるおそるスイッチをひねると、そこにはいかにもアメリカ的なアニメが映し出された。もちろん白黒である。さすがにその箱の中は電機の部品が入っているということくらいは三歳の私にも理解できたが、なぜかリアリティのない不思議な感じがしたことを今でも覚えている。

その白黒テレビがカラーになったのは、大多数の中産階級日本人と同じ、昭和三九年。東京オリンピックの年である。小学生になっていた私にとって白黒テレビがカラーになったことにそれほど驚きはなかったけれど、その頃から毎日テレビを見ることが習慣化したことを思うと、やはり私の人生にとっては大きな出来事だったに違いない。

音楽が好きだった私の家には、小さい頃からステレオがあった。ごく普通のステレオだったが、小学生の頃から映画音楽や歌謡曲などを聴いていた。もちろん、聴いていたのはＬＰレコード。「テレビで放送される歌番組をＬＰレコードに録音できる機械があったらなあ」と考えていた私は、テープレコーダという機械があるということを知り驚喜した。このテープレコーダも、小遣いで買うことのできるごく普通のものだったが、好きな音楽や毎年の紅白歌合戦などはラジオから欠かさず録音していた。

子どもの頃によく見たテレビは、鉄腕アトムやポパイなどのアニメ。毎週、その時間がくるのを本当に楽しみに待っていた。しかし、当時はそれほど多くの番組があったわけではない。NHKの他は民放一局しかなかった。おもしろい番組がないとき、現在ならばテレビはゲーム機のディスプレーに早変わりする。しかし当時は、見たい番組のない場合、外で遊ぶしか私たち子どもたちの選択肢はなかった。ベーゴマ、ビー玉、凧揚げ、こままわし、メンコ、なわとび、陣取り、かくれんぼ、草野球、缶けり、オタマジャクシとり、トンボとり……とにかくよく外で遊んだ。

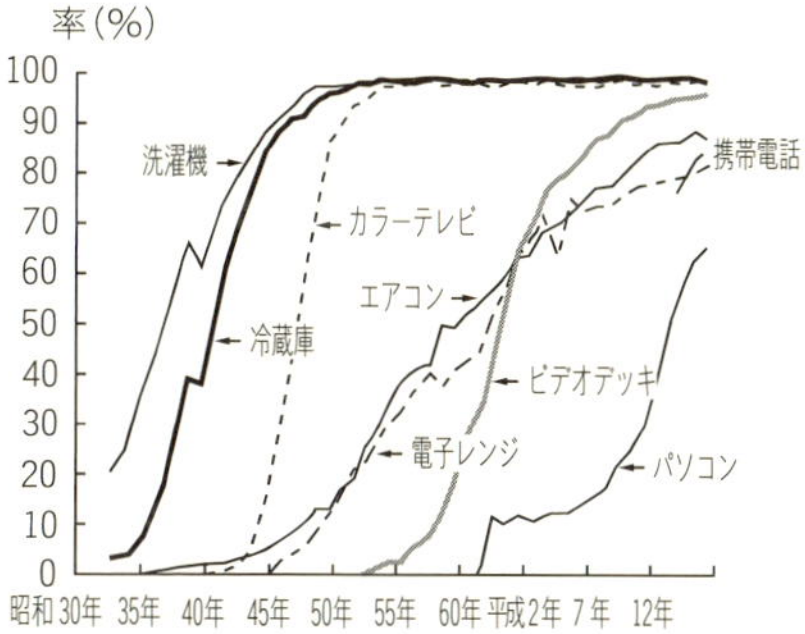

図6-2　家電製品の普及率（内閣府経済社会総合研究所の「消費動向調査データ」を参考に作図した）

今のようにコンピュータやTVゲームはなかったが、とても幸せだったように思う。そして、毎日がとてもエキサイティングだった。

ところで、図6-2は家電製品の普及率を示した調査資料である。この図から明らかなように、昭和三〇年代は電気洗濯機が、昭和四〇年代は冷蔵庫やカラーテレビが、そして昭和五〇年代にはエアコンが急速に普及した。つまり、現在、四〇歳代以上の人たちは、電化製品の普及に伴う生活環境の変化をリアルタイムで、しかも身体で感じ取ってきた。ところが、例えば今の大学生にとって新しい家電と言えばコンピュータと携帯電話くらい。さらに現在の小学生にいたっては、物心ついたときからすべての家電製品が生活環境の中に空気と同じように既に存在していたことになる。しかも、ほとんどの家電製品はそのメカニズムがブラックボックス。昔は故障すれば修理が当たり前だったけれど、今では廃棄かせいぜい故障した部品をそっくり全部交換する。

そんな生活が当たり前の世の中で育ってきた子どもたちにとって、日常生活における「リアリティ」というものは、おのずと変わっているはずだ。教育や「学び」についても、「今の子どもたちのリアリティは私たち大人の感覚とは全く違っている」ということを前提として議論しなければ、これからは全く見当違いの議論になってしまうだろう。

▨リアリティのある「学び」を目指して

少し冷静になって考えてみるとわかるのだが、ある意味でこれまでの学校教育は、バーチャルな「知」のみを教えてきたのかもしれない。リアリティのない「知」とも、言い換えることができる。学校で教える「知」には間違いがなく「あいまいさ」がない。しかし、それは多くの場合、子どもたちの「日常」からはかけ離れている。

さらに今、大学や企業、そして生涯教育の領域で「eラーニング」が大流行である。インターネットにつながったコンピュータさえ持っていれば「いつでも、どこでも、誰でも」自分の希望する学習が可能になるという。昔は夢だった有名大学の講義が、お茶を飲みながら自分の家で受講できる。しかし、本当にこのような「学び」に落とし穴はないのだろうか？

情報化社会に誕生したeラーニング。これには、リアリティが伴わないという批判も多い。カリフォルニア大学バークレー校哲学科教授のH・L・ドレイファスもeラーニングを辛辣に批判する(Dreyfus 2001)。そして、ドレイファスは一貫して「身体」が重要であることを主張している。彼によれば、本当の学習は、自らの身体を現実の状況に関与させなければ成立することはあり得ない。そして、eラーニングの本質的欠点を身体性の欠如としている。

ドレイファスは、インターネットにのめり込みサイバースペースで生活することによって失われるかもしれない能力として、次の四つをあげている。

1 物事を理解して、重要なものを重要でないものから区別する能力
2 学習に不可欠な、成功と失敗を真剣に受けとめる感性
3 最大限に世界を把握し、物事のリアリティを感じとる能力
4 自分の生を意味づけてくれるものの感覚

このような検討は、現在の高度情報化社会の「学び」を必然的に示すことになる。つまり、膨大な情報の中から本当に自分にとって有効な情報を取り出すためには、自らの身体をその環境や状況に置くことが必要不可欠であり、そのことによって初めて意味の変化する情報を有効に活用することが可能になる。私たちが身体を有していることからのみ生じる意味と関連性を学ぶためには、リ

アリティのある「現場（現実）」に可能な限り身を置くしかないのである。そうすることによって、自分にとって本当に有効な情報を、無限に広がる情報の海の中から拾い上げることができる。

その意味で、本当の「学び」とは、情報を数多く頭の中に取り入れ蓄積することではなく、また多くの情報を系統的に整理し効率よく検索することによってスピーディに取り出せるということでもない。本当の「学び」とは、自分にとって有効な情報を無限に広がる情報の海の中から見つけだし拾い上げることであり、自分にとって心地よいやり方で、そして自分にとって有効に使うことなのである。

しかし、インターネットや百科事典的に項目が並んでいるテキストから学ぶことが全く無駄であると主張しているわけではない。それらの、ある意味でバイアスのかかっていない情報は、身体的なコミットによる学びがあることによって、一挙に有効な知識に変身する。そして、その知識は、リアリティを持って私たちに受け入れられるのである。

つまり、私たちは、例えばインターネットを通して得た情報をいかにして身体的なリアリティに結びつけるのかを探究しなければならないということである。もし、この試みに失敗したとしたならば、インターネットからいくら多くの最新情報を獲得することができたとしても、それはリアリティのない役に立たないクズ情報にしかならないのである。

▨サイバースペースという「リアリティ」の発生

eラーニングに関する議論の中で、しばしば耳にする意見は「顔を合わせての授業でなければ効果的な学習は無理」というものである。確かに従来、本当に役に立つ講義は教室で先生から直接学ぶものだと考えられてきた。教室という場の雰囲気、先生の生の声、周りの同僚たちのささやき、そしてしばしば起こる予想外のハプニング。その雰囲気の中に我が身をおいてこそ、本当の学びは成立するのである。そして、ドレイファスも指摘するように、eラーニングは身体性が欠如したサイバースペースにおける学習であり、リアリティのある効果的な「学び」は期待できないのかもしれない。

しかし、一見疑いのないこの見解は、二一世紀においても絶対に正しいことなのだろうか？ 私たち大人にとっては正しいと思えることでも、生まれたときから目の前にコンピュータが空気のように存在していたこれからの子どもたちにとっても正しいとは限らないのではないか？

例えば、グーテンベルクが「印刷技術」を発明したときのことを想像してほしい。一番最初に印刷したのは「聖書」だったというが、これに対しカトリック教会や多くの信者から激しい批判があったらしい。手書きの聖書の方がキリストの教えをより正しく伝えている尊いものだ、という批判である。しかし、現在を生きる私たちは、そのような批判を「ばかげている」と考えるだろう。写し間違いがある手書きの聖書よりも、間違いなく知識を伝えてくれる印刷された聖書の方がずっとよいと考える。さらに、より多くの人々にキリストの教えを伝えるには印刷された聖書の方が都合がよいと考えるだろう。

コンピュータやインターネットを用いて学ぶことは、現在のところ特殊なことと考えられている。しかし、あと数十年もたてば、eラーニングはごく日常的な学習スタイルになっているかもしれない。子どもたちが、ものごころついたときからインターネットで学ぶことが当たり前になったとき、ネット上のサイバースペースにこれまでとは全く異なるリアリティを持った「学びの場」ができるかもしれない。そして、子どもたち自身が、これまでとは全く異なるリアリティを持って、サイバースペースを「学びの場」とした学習を行っているかもしれない。

また、確かに現在、eラーニングではリアリティのないバーチャルな「知」を扱うことが多い。しかし今後は、バーチャルな世界とリアリティのある世界の境界線があいまいになってくることも考えられる。二〇世紀・工業化社会では「モノ」という概念が絶対的であり、その意味において物理的空間があるか否か、つまりバーチャルかリアルかの区別もはっきりとしていた。しかし、高度情報化時代になり「モノ」という概念がそれほど強力なものではなくなってきた。その代わりに「情報」という、とらえどころのない概念が支配的になりつつある。そこでは、どこまでがバーチャルでどこからがリアルであるかはもはや意味を持たなくなるかもしれない。さらに言えば、バーチャルな体験から得た知識と実際の体験から得た知識の差が、ほとんどなくなるかもしれない。さらに、その差を問うこと自体が意味をなさなくなるかもしれない。

数十年後、子どもたちにとってサイバースペースがもうひとつのリアルな世界になり、インターネットを活用した「学び」という新しいリアリティが発生する可能性は否定できない。少なくとも、そのような可能性を頭の中においた上で、「学び」というものについて考えていくことが今後必要になってくるだろう。

▨高度情報化社会における「知」

受験勉強にあけくれていた頃、目の前に山積みにされた教科書を眺めながら「これさえ覚えれば大学に入れる」と自分に言い聞かせていた。その教科書の何割を覚えることができたのか全く定かではないが、取りあえずその範囲内の学習を行い、希望の大学に合格することができた。

受験勉強は、学習しなければならない範囲が決まっていた。その範囲だけ学習すれば、自分の目的を果たすことができる。しかし、人生というものに学習の範囲はない。自分のやる気しだいで、学習の対象となる範囲は無限に広がっていく。一昔前は、その範囲が広い人ほど知識人、あるいは博学として尊敬されていた。

そして、これまでの教育や「学び」には大原則があった。正しい知識を簡単なものから複雑なものへ、ひとつひとつ系統的に積み重ねていけば立派な人間になれる——という前提である。これは学校教育に限らず、私たちがよりよく生きていくための「学び」の大原則としても広く受け入れられてきた。この原則の背景には、世の中には必ず正しい知識あるいは正解というものが存在するという思い込みがある。たとえ今、自分は知らないとしても、どこかに真実がきっとあるはずだ。だからこそ、一所懸命勉強して正しい知識を獲得し、それらを積み重ね、そして真実を見つけださなければならない。私たちは、今までこのように考えてきた。

知識人とはたくさんの正しい知識を蓄積している人のことを意味したし、ビジネスを成功させるためには可能な限り多くの関連する知識を学ばなければならないとされた。そして、子どもを持つ親は、我が子が有名大学に入学し最先端・最高水準の知識を学ぶことを望んだ。

このように見てくると、これまで私たちはひとつの枠組みで「知」というものを捉えてきたことがわかる。ひとつの情報があるとする。それは、正しいか間違っているか……つまり、ふたつにひとつの明確な判断が可能なものである。そのような情報は積み重ねることもできるし、系統的に分類することもできる。間違った情報は無視したり捨ててしまい、正しい情報だけ受け入れればよいのである。

ところが、現在は高度情報化時代。私たちの周囲を取り巻く情報の量は莫大で、常に増大している。しかも、情報化社会はあいまいで複雑である。さまざまな情報が複雑に絡み合っており、また情報間の境界も見えづらい。あるいは、常に情報の意味やその情報自身が変化し続けている。ある時には正しかった情報が、次の瞬間には間違ったものとなる。「正しいとも言えるし、正しくないとも言える」という場合すらある。これまでの教育ではこのような情報は極力排除され、正しい知識だけが重視されてきた。特に、学校教育では間違ったことは教えられないし、正しいかどうかわからないことも取り扱うことは避けられてきた。

そのような高度情報化時代の教育は、二〇世紀の工業社会における教育とは必然的に異なったものにならなければならない。確かに、二〇世紀の工業社会では、「世の中には必ず正しい知識あるいは正解というものが存在する」という考え方が正しいように思えた。そして「正しい知識を簡単なものから複雑なものへ、ひとつひとつ系統的に積み重ねていく」という教育が、社会にとって好都合だったと言えるかもしれない。

しかし現在、私たちの周りでは、そのような教育の欠陥がいたるところで表面化している。例えば、学びの場であるはずの「学校」で、「いじめ」や不登校、学級崩壊が問題視されてから多くの時間が経過した。その間さまざまな対処策が検討され実際に実行されてきたが、どうもいまいち効果は感じられない。

そろそろ教育や「学び」に関して、少し本質的なところから検討し直す時期にきているのかもしれない。これまでの「正しい知識を簡単なものから複雑なものへ、ひとつひとつ系統的に積み重ねる」という常識を一旦白紙に戻した上で、改めて二一世紀の高度情報化社会における教育や「学び」を考えなくてはならない時期にきている。

第七章　「学び」の新しいパラダイム

二一世紀はターニング・ポイント

　図7―1は、西洋文明（正確には、地中海周辺の主要文明）の盛衰パターンを示したものである（カプラ　一九八二）。この図を見てすぐに気づくことは、これまで栄えてきたいかなる文明も必ず衰退の時がくるということである。これまでのすべての文明が、発生、成長、衰退、崩壊という周期的過程を経ている。例えば、紀元前二五〇〇年頃エジプト文明のまっただ中で生きていた人々はエジプト文明が未来永却続くと考えていたに違いない。しかし現実には、紀元前二〇〇〇年頃から衰退し始め紀元前後には崩壊に至った。同様に、紀元後一〇〇〇年頃ギリシア正教文明のまっただ中で生きていた人々は、この文明が未来永却続くと信じていたに違いないが、実際には他の文明と同様、ギリシア正教文明も衰退し崩壊した。このような文明の「歴史」をかえりみるとき、私は近代西洋文明に対する一般的な認識に対し、大きな疑いの念を感じざるを得ない。誰しもが「科学」に

代表される近代西洋文明が未来永劫続くと信じている。しかしながら、近代西洋文明が人類の歴史の中で唯一衰退や崩壊を経験しない文明であると、誰が断言できるだろうか。

この歴史的事実が語っていることは、近代西洋文明というものが絶対的、唯一的な真理を追求するための枠組みではないということである。つまり、近代西洋文明や科学も単なるひとつの思想、あるいはひとつのパラダイムに他ならないということを我々は歴史から知らされる。もし、このようなことに注意をはらい、現在をかえりみれば、今、人類の思想、認識に大きな変革が起きようとする兆候がいたるところに認められる。それは、今から約四〇〇年前の一七世紀、当時の西洋にとっての中心思想であり、人々の認識を全面的に支配していたキリスト教思想が大きく衰退し、近代西洋文明、つまり自然科学という思想がキリスト教思想にとって変ったのと全く同様の事態がまさに今起ころうとしている。約四〇〇年の間我々の思想を支配し、我々の認識を支配してきた近代西洋科学に衰退の兆しが現れだしたのは二〇世紀後半のことである。私見によれば、人類が始めて月面に立った時点が「科学」の頂点であった。それ以後少しずつではあるが、確実に近代西洋文明の衰退が進んでいる。

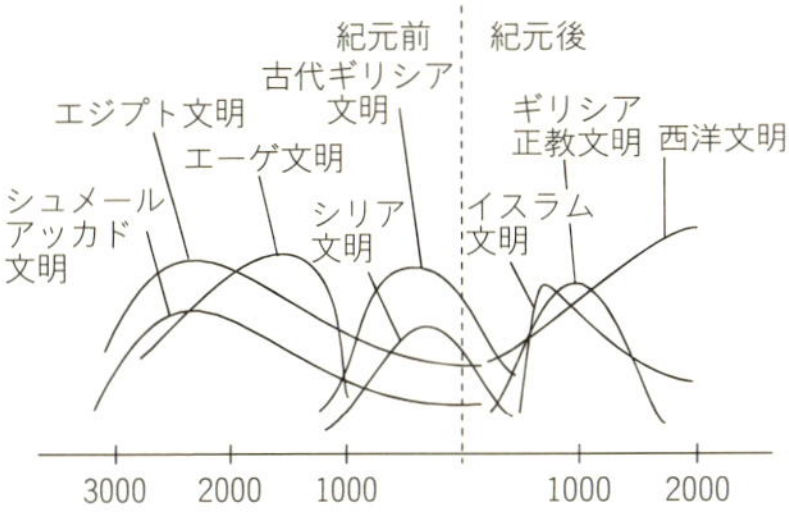

図7-1　西洋文明の盛衰パターン（カプラ　1982）

中村（一九九二）は、従来の「知」を「近代科学の知」と呼び、一七世紀の「科学革命」以降ずっと人々に信頼され、説得力を持ってきたとする。さらに、「近代科学の知」の三つの特性として、〈普遍性〉、〈論理性〉、〈客観性〉をあげ、これらは自分の説を論証して他人を説得するためには非常に好都合な性質であるとしている。個々の特性について、中村は次のように説明する。

〈普遍性〉とは、理論の適用範囲がこの上なく広いことであり、例外なしにいつ、どこにでも妥当するということである。だから、そのような性格を持った理論に対しては、例外を持ち出して反論することはできない。また、〈論理性〉とは、主張するところがきわめて明快に首尾一貫していることである。理論の構築に関しても用語の上でも、多義的なあいまいさを少しも含んでいないということである。したがって、そのような性格を持った理論に対しては、最初に論者によって選ばれた筋道によってしか、問題が立てられず、議論できないことになる。最後に〈客観性〉であるが、これは、あることが誰でも認めざるを得ない明白な事実としてそこに存在しているということである。個々人の感情や思いから独立して存在しているということである。だから、そのような性格を持った理論にとっては、物事の存在は主観によっては少しも左右されないということになる。つまり、客観主義によってとらえられた客観的メカニズムは、普遍主義によっていっそうその自立性が高められるとともに適用範囲が広まり、さらにそれに論理主義が結びつくことによって、説得力を増すだけでなく、技術的再現が可能になると中村は言う。

同様に谷口（一九九九）は、近代とはデカルトによってもたらされた「分析思考」の産物、つまり「要素還元思考」だったという。そして、その特質として次の三つをあげる。

1　すべてのものは分析して要素（部分）に分けることができる。

2　その要素（部分）は他のものと置き換えることができる。

3　分析した要素（部分）を足せば元の全体になる（元に戻る）。

このデカルト的「要素還元思考」は、近代の機械生産工業システムを生み出し、手術を中心とした西洋医学をもたらし、個人を組織の一歯車と化し、個人を「孤人」としたと谷口は言う。

二一世紀型「学び」の背景

さてそれでは、二一世紀の「学び」を支えるパラダイムとは、どのようなものになるのだろう？中村（一九九二）は、「近代科学によって捉えられた事実とは、基本的には機械論的、力学的に選び取られ、整えられたものにすぎないのではなかろうか」と指摘し、具体的な現実は捉えられていないとしたうえで、中村が〈臨床の知〉と呼ぶ新しい「知」のパラダイムを提唱している。中村によれば〈臨床の知〉とは、「個々の場所や時間のなかで、対象の多義性を十分考慮に入れながらそれとの交流のなかで事象を捉える方法」である。また中村は、〈近代科学の知〉と〈臨床の知〉を比較して、「〈科学の知〉は、抽象的な普遍性によって、分析的に因果律に従う現実にかかわり、それを操作的に対象化するが、それに対して、〈臨床の知〉は、個々の場合や場所を重視して深層の現実にかかわり、世界や他者がわれわれに示す隠された意味を相互行為のうちに読み取り、捉える働きをする」「このような〈臨床の知〉は、〈科学の知〉が主として仮説と演繹的推理と実験の反復から成り立っているのに対して、直感と経験と類推の積み重ねから成り立っているので、そこにおいてはとくに、経験が大きな働きをし、また大きな意味をもっている」としている（中村　一九九二）。

中山（二〇〇〇）も、同様の主張をしている。中山によれば、一七世紀に成立した近代科学は機械論哲学によるものであったが、一九七〇年代に機械論を批判するエコロジスト流の有機体論が出る。今日の機械論的科学批判はそこに源流を認められるとする。そして、一九八〇年代以降、コンピュータ能力の拡大によるデジタル・パラダイムが胎動し、一九九〇年代から顕在化してきた。そして、それが情報化社会をもたらした。中山は、デジタル・パラダイムによる科学を「ポストモダン科学」と呼んでおり、一七世紀科学革命以来の機械論近代科学に対比されるものとしてはっきりと定義している。中山はそのポストモダン科学こそ二一世紀を支配するパラダイムであるとしているが、その特徴として次の三点をあげている。

1　問題が複雑であること
2　価値が入ること
3　その価値も時として変わるように、時系列が入ってくること

ところで、二〇世紀においてもっともパラダイムが不安定だった学問領域として中山が心理学を

あげていることは、私にとって非常に興味深い。中山によれば、二〇世紀に入って実験心理学がアメリカを中心として拡がるが、その解釈をめぐっては様々なパラダイムが現れた。特に、六〇年代末には、従来の論理実証主義的、行動主義的パラダイムが社会心理学的な関心を持つ若い心理学者によって攻撃された。そして、一九七〇年代には、心理学者の扱うものは実験動物からコンピュータに変わり、認知心理学のパラダイムが主流となる。その後、人間や生体における情報の流れを客観的に扱う工学との接点を持ち、「認知科学」を構築するにいたる。しかしさらに、七〇年代から九〇年代にかけて、人々はふたつの意味で直線的進歩観に批判的になってきたという。ひとつは、七〇年代に始まる自然環境の破壊への憂慮、もうひとつは八五年くらいから直線的というよりは指数関数的に上昇を続けるコンピュータによる技術環境の突然変異である。中山は、このコンピュータの発展と社会への浸透を、パラダイム・シフトにとって決定的なものととらえている。つまり、コンピュータを単なる機械ととらえることは誤りであり、それは「情報」あるいは「デジタル」という機械でも生きモノでもない存在である。そして、その「情報」や「デジタル」は、時空を行き交うメディアであり、記号であり、モノとは対応しないとする。つまり、二一世紀は、二〇世紀とは特性を全く異にする「情報パラダイム」あるいは「デジタル・パラダイム」が支配する時代であると中山は強調する（中山　二〇〇〇）。

さらに、谷口（一九九九）も、これまでの「狩猟採集社会、農耕社会、そして工業社会」と現代の高度情報化社会とが決定的に違うところは、社会を動かす中軸がハードからソフトに転換したことであり、「モノ」は持っていないが他より優れた情報を持ち、それをシステム転換できるものが勝つ時代がきたとしたうえで、二一世紀における新しいパラダイムに関して非常に興味深い予測を出している。谷口によれば、二一世紀は「東洋の時代」になるというのである。私たちが二一世紀を予測するとき、どうしても技術面の進歩にばかり目を奪われがちになり、その結果どうしてもハイテクノロジー型の未来を想像することになる。しかし実際には、どのような価値判断においても、現在の西洋的世界観から東洋的世界観にシフトした時代になるだろうと予測する。

　谷口の予測は、私の考えとも一致している。現在の高度情報化時代、つまりあいまいで複雑な情報、そしてその価値観や正誤も常に変化している情報が私たちの周囲を取り巻く時代だからこそ、従来から日本に伝わってきた「学び」の方法、つまり「しみ込み型の学び」が必要不可欠と私は考えているのである。

日本の「学び」再考

　第五章で、日本の「学び」に関する多くの探求を概観した。東（一九九四）は、母親の育児態度に関する一連の調査や実験による日米比較の結果から、アメリカの母親は「教え込み型」の育児を、日本の母親は「しみ込み型」の育児を行っていることを明らかにした。つまり、アメリカの母親は言葉で表現して分析してわからせる教え方、知識を持っている母親が権威をもって子どもにその知識を伝授するというやり方、つまり「教え込み型」の育児を行っている。それに対し日本の母親は、模範をやってみせることで、子どもにどうしたらよいかを見つけさせる。アメリカの母親のように権威をもって子どもの前に立ち知識を伝授するというのではなく、できてほしいという母親の「思い」を子どもにしみ込ませ、子どもはそれを原動力に一所懸命がんばるという、つまり「しみ込み型」の育児を行っていた。

「しみ込み型」の方略をとる日本の母親は、アメリカの母親に比べて、就学前の子どもに対しとりたてて意図的に教えることはしない。文字や数を直接教えることは避け、もっぱらよい環境を子どもに与えることにこまやかな配慮をする。子どもはとりたてて教えないでも環境から学習するものだし、周りの人々の真似をしたり大人を質問攻めにしたりして知識を取り込むもの、と考えるのである。これが日本の「しみ込み型」の教育をささえている学習観であると、東は指摘する。

このような「しみ込み型」の教育は、日本の伝統芸道における「わざ」の伝承にも認められた。生田は日本舞踊などの日本伝統芸道について詳細に検討し、師匠から弟子への「わざ」の伝承過程を明らかにしている。生田の探求で興味深いのは、その研究対象は伝統芸道や宮大工などの職人「わざ」ではあるが、生田は自分の研究対象は決して「技能」ではなく、「知識」あるいは「知識観」であると明言している点である。生田（二〇〇一）によれば、「これまで「技能」の問題としてみなされてきた職人の「わざ」を人間の「知識」の一つの表れとして捉えている」というのである。

そのように前提した上で生田は、これまでの学校教育について「われわれはしばしば、子どもの「学び」は、「意図的な教える」環境のもとで行われる「意図的な教える」活動の結果生じると考えてきたように思う。例えば、学校という意図的な、しかも「閉じられた」組織の中で、「教える者」「教えられる者」「教える内容」という三つの不可欠の要素のもとで子どもの「学び」は効率的に発生すると考えてきた」と述べている（生田 二〇〇二）。それに対し、職人として学ぶべき「わざ」は「仕事の現場」や「生活の場」の中にあり、日常的行為の中に「教える意図」が埋め込まれていると言う。教育という仕事は明らかに「意図的行為」である（でなければならない）が、職人の世界における「教える」という「意図的行為」は、形式的教育（学校教育）におけるように体系的なカリキュラムに沿って「さあ、教えますよ」といった明示的な行為としては表されていない。それは、日常生活や仕事場の中で、一見「ものを作り上げる仕事」とは無関係な行為（例：掃除、飯づくりなど）の中にその意図を埋め込んでおくような意図的な「教える」である、というわけだ。

　さらに、このような考察を行うなかで生田は、これまでとは全く異なる知識観を提唱している。つまり、「知識」とは「馬」や「花」といった実在的な概念ではなく、関係的な概念であることをわれわれは改めて認識しなければならないという。つまり、「知識」とは親方から弟子へ「伝達」できるようなたぐいの実在物ではなく、「仕事の現場」や「生活の場」の中で、そこで無限に立ち現れてくる事象を関係的にとらえていく弟子（学習者）の動的な認識過程であると生田はとらえる。「実在的な知識観」とは異なる知識観、つまり「関係論的知識観」とも称されるような知識観である。この「知識観」に立つならば、「知っていく過程」それ自体を「知識を有すること」と同じ事態としてとらえることが適切であるという。ここで重要なことは、私たちがこれまで「知識とは何か」という問いを立て「知識の実体」や「知識の在処」を探し求めてきたという、その姿勢自体をここで問題にしなければならないと、生田は言う。

これらの探求は必然的に、これまでの学校教育に対する再考にもつながっていく。しばしば「教育活動」は、教師（教える者）の頭の中にある「知識」を、あるいは教科書の中に記された「知識」を生徒の頭の中に移す（写す）こととして語られる。こうした語りのなかでは、明らかに「知識」はどこかに実在するもの、実在することとして捉えられている。例えば、「知育偏重」に対する批判の矛先は、実在する（と考えられている）「知識」を過度に重視してそれを子どもに「教え込む」姿勢に向けられる。しかし、ここで提起された「教育観」に立つならば、「知育偏重」批判の矛先は「偏重」する事態にではなく、むしろ「知識」を実在するものとして捉えてきた「知識観」そのものに向けられることになる。「知識とは何か」という問いを実在論的な問いから関係論的な問いへ転換させることによって、「教育観」のみならず教育実践もまた自ら変容を迫られることになるのは明らかである。教科書の中に収められているものが、また教師の語る言葉が「知識」そのものではないならば、つまり、「知識」とは子ども自身が学校をも含む自らが生活する場で彼の目の前に立ち現れてくる様々な事象を関係的にとらえていく動的な認識の過程（知っていく過程）であるならば、われわれは新たな観点に立って教育実践の第一義的な役割を、子どものそうした働きをできるだけ活性化させるような環境を再整備することに置かざるを得なくなるであろう（生田　二〇〇一）。

生田のこのような提唱は、二一世紀の「学び」を探求していく上でのひとつの道しるべになりうることは間違いない。

▨「知」のリアリティと「じっくり学ぶこと」

最近、大学においても「評価」が重視されるようになってきた。研究業績の評価はもちろんのこと、講義の良し悪しも評価の対象になる。そこで、ひとつの疑問が生じる。「よい講義とは、どのような講義なのだろうか?」という疑問である。この疑問に対する回答としてしばしば耳にするのは、よい講義とは「学生にとってわかりやすい講義」である。高度情報化社会では、できるだけ多くの情報をできるだけ短時間に効率よく学ぶことができる講義が「よい講義」というわけである。そのために講義は、おもしろくて、わかりやすい必要がある。逆に言えば、「一回聞いただけでは理解できないようなわかりにくい講義」は「悪い講義」であると評価される。さらに、インターネットやeラーニングの普及は、私たちに「気軽に、そしてスピーディに学ぶこと」のすばらしさを実感させてくれた。何かわからないこと、知りたいことがあった場合には、コンピュータで検索し、インターネット上にある情報を集めて学ぶ。「知りたい」と思ったら、すぐに調べ、すぐに知ることができる。ぐずぐずしていたら時代に取り残される。M・マクルーハンも言うように、「電子の瞬間的伝播力」が今日の高度情報化時代の根本的特徴のひとつであることには、間違いがない(McLuhan 1988)。

しかし同時に、私たちは「じっくり学ぶこと」をますます軽視する傾向にある。スピーディな「学び」の価値観が社会に浸透した結果、「じっくり学ぶこと」は高度情報化時代にはそぐわない学び方として回避されるようになった。一方、昔から「学び」のひとつの典型的なスタイルとして、本をじっくり読むこと（熟読）やじっくり時間をかけて考えること（熟考）があった。例えば、カントの『純粋理性批判』は高度な集中力で、繰り返し時間をかけて読まなければ理解することもできないし、その本から何も得ることはできない。また、ひとりで何時間もひとつのことを考え込んだり、友人と時間をかけて議論することなど、一昔前には誰しもが「学び」のための重要な手段と考えていた。このような「学び」は、情報が次から次へと生み出され、浴びせかけられる現代にとってても大切なのではないだろうか？　それどころか、このような高度情報化時代だからこそ、ますますその重要性を増していると私は考えている。このようなスタイルの「学び」では、その時には理解できなくとも、時間を重ねることによって、しばらくしてから突然わかる、つまり「知識」として浮かび上がってくることも多い。そして、そのような知識は、時間の経過とともにその価値が減少するということも少ない。例えば、プラトンや孔子の著述、あるいは空海が説いた真言密教の教えという情報の価値などは何十年、何百年と（多少の変動はあるものの）極端に低くなるということはない。

私たちはなぜ、熟読や熟考を、そして「じっくり学ぶこと」を忘れてしまったのだろう？　もちろん、時代が高度情報化になり、どんどん増え続ける情報をどんどん短時間で頭の中に詰め込んでいかなければ時代についていけなくなるという理由は多くの評論家が論じている。しかし、少し冷静になって考えてみるとわかるのだが（実は、「冷静になって考えてみる」ということすら忘れているというのが、今の時代の最も重大な過ちなのだが）、そのようにどんどん大量の情報を頭の中に詰め込み続けて、私たちは本当に幸せになったのだろうか？　あるいは短時間に効率よく学習することができた結果、余った時間をゆっくりと自分らしく過ごすために使うことができるようになっただろうか？　結局、時間には全く余裕が生まれず、深夜まで増え続ける情報を処理する作業に追われてはいないだろうか？　そして、何らかのきっかけで、ふと自分を振り返ってみたとき、自分の頭の中には何ら生きていくために役に立つような大切な知識が蓄積されていないことに気づき、愕然とする。結局、睡眠時間を極限まで削って取り入れた情報は、リアリティの伴わない一瞬の寿命しかない情報であることも多い。それは、全く日常には役に立たない、つまり身に付いていない情報なのである（注：本書では「情報」を意味が付与される前の意味的にニュートラルなものととらえ、情報に「その人なりの意味」が付与されたものを「知識」と表現する）。

高度情報化時代に必要なのは、リアリティのある情報なのだ。リアリティのある情報だけが、その人にとって役に立つ知識として身に付く。「学び」とは、ただ情報を頭の中に蓄積すればよいのではない。その情報の価値を身体全体で感じ、身体にしみ込むような感触を楽しみながら学ばなければ、全く意味ある知識にはならない。そして、そのような「学び」は一般に、それほど短時間で効率よく学ぶことはできない。情報の速度こそが絶対的な価値となっている高度情報化時代の現在だからこそ「じっくり学ぶ」ことの復活が重要になってくる。そして、「じっくり学ぶ」ことは、今私たちが忘れかけている「学ぶことの喜び」を思い出させてくれるのである。

二〇世紀は、知識を得るために、つらくとも必死で学ぶ時代だった。しかし、そこに「学ぶ喜び」はなかった。二一世紀は、「学ぶこと」自体が楽しい時代になる。そして、そこでは「じっくり学ぶこと」がより大きな喜びをもたらしてくれるようになるだろう。

メディアと「学び」の関係

メディアの歴史的な変遷と「学び」との関係を振り返ることは、二一世紀の「学び」を考える上でも大変参考になるだろう。まず、原始時代には文字というものが存在せず、人間の声が唯一のメディアであった。この頃の教育は、先生から弟子への口伝えが中心であった。弟子は先生の話す一言一句を聞き逃すまいと真剣に聞き耳を立て、それをひたすら暗記していた。そして、それが弟子にとっては「学ぶこと」そのものだった。

文字の発明は、人類の「学ぶ」という行為にとって最も大きな変革だったことだろう。これまでは必死になって記憶していた先生の講義を、弟子は文字によってノートに記録して残すことが可能になった。また、その書いた文字を集めることにより書籍としてひとつにまとめ「学び」のためのテキストとすることが可能になった。さらに、一冊のテキストは、多くの弟子たちによって書き写されコミュニティの中に広まっていった。いわゆる「写本の時代」である。

図7-3　ローマ時代の学校・紀元3世紀
（村井　1983）

図7-2　弟子と語り合うプラトン（村井　1983）

その後、グーテンベルクによって活版印刷が発明されると、それは「学び」の大衆化にとって強力な道具になる。これまでは特権階級の人のみが享受していた「学ぶ」という行為を、誰しもが比較的容易にできるようになった。それと同時に、写本と活字本では「学び」のスタイルも大きく異なっている。写本の時代の本は、声を出して読むのが一般的であり、現在のように黙読されることはなかったという（黒崎　一九九七）。さらに、写本を個人が所有することはまれであり、修道院の中で歌われるように読まれることも多く、ときには多くの人を集めて朗読されることもあった。それが、印刷された本を個人が広く所有することができるようになってからは、自分だけの環境で声を上げずに目で追いながら内容を追っていくことが一般的になった。大学の授業は、講師がテキストを一方的に読み上げ、学生はテキストの文章を目で追う形式となり、中世のスコラ学派の対話式からマスメディア的なスタイルになったという（黒崎　一九九七）。このように、写本と活字本とを比較しただけでも、その「学び」のスタイルが大きく異なったことに気づかされる。

その後、ラジオやテレビという「電子メディア」が発明され、ラジオ講座やテレビによる放送大学などが普及してきた。ラジオで実際の音声を聞いたり、テレビで実際の映像を見て学ぶことができるようになったのである。これは、リアリティのある知識を学ぶのに大きく貢献した。しかし同時に、メディア報道の恐ろしさとしてしばしば指摘されるように、編集された映像だけを見てそれを真実であると思いこんでしまうという欠点も発生した。

ラジオ講座やテレビ講座の延長線上にeラーニングがある。しかし、前者が教師から学生への一方向性という弱点があるのに対し、eラーニングでは双方向性のコミュニケーション、つまりインタラクティブ性をその特徴に持つ。学習者は意見や質問をeメールなどを用いて教師に送ることができ、これは時にはリアルタイムに可能である。また、インターネット上の掲示板やチャットを用いれば、他の学習者を交えての討論も可能である。ブロードバンドの普及により、動画映像もますます鮮明になりつつあるし、バーチャルリアリティ技術などとの併用により、今後ますます有効な「学び」が可能になるかもしれない。

ところで、「メディアはメッセージである」と言ったのは、一九六〇年代に活躍したマクルーハンである（McLuhan 1988）。つまり、同じ内容のメッセージでも、それを伝えるメディアが異なれば、それを受け取る側にとって、そのメッセージの意味は大きく異なるということである。例えば、eメールで「金に困っている」というメッセージを送るのと、速達郵便で同じメッセージを送るのとでは、その意味は大きく異なってくる。つまり先に検討したように、メディアの違いは「学び」のスタイルをも変えてしまう可能性を持っているのである。

最後に、eラーニングを検討するときに注意しなければならないことは、検討しようとしている私たちが経験してきた「学び」のスタイルがフェイス・トゥ・フェイスのいわゆる「学校教育」であるという点である。換言すれば、私たちは対面授業を基準に据えて議論しがちであるが、それではある意味、偏った議論しかできない。生まれたときからすでに、コンピュータやインターネットが空気のような存在としてそこにあるという環境の中で育ってきた子どもたちが学ぶとき、学びの場としての「サイバースペース」は彼らにとってどのようなリアリティを持つかを検討しなければならない。それは当然のこととして、私たちのリアリティとは異なったものになる可能性がある。対面授業しか経験のない私たちにとってコンピュータやインターネットは単なる学びのための「道具」でしかないが、彼らにとってはそれ以上のもの、ひょっとするとこれまでの「学び」の常識を変えてしまうほどの意味のあるものになるかもしれない。

そのような可能性をも頭の隅に置きながら、今後eラーニングについては検討を続けていかなければならないと考えている。

▨二〇世紀型「学び」からの解放

二〇世紀の「学び」は、「頭の中に知識を蓄積する」という呪縛から抜け出せないでいた。そこでは、様々な知識が頭の中でどのように蓄積されているのかということの探求や、少しでも効果的に、少しでも多くの知識を頭の中に詰め込むためには、どのような教育、あるいは学習が適切なのかということの探求が行われた。

その背景には、近代西洋教育のパラダイムがあった。そして教育は、経済至上主義や科学技術信仰という現代社会のなかで発展してきた。そもそも近代学校教育自体、工場で働く労働者を対象とし、より短時間に、より多くの均一品質の製品を生産するための能力向上を目的に生まれてきたものである。

そのような学校教育を受け続けてきた子どもたちが「ロボットみたいになる」ことは、必然的なことだろう。自分からは行動を起こせず、大人からの指示を待っている。指示を出してもらえばそこそこ上手に物事をこなせるにもかかわらず、自分自身のアイディアがない。したがって、ひとつのことを覚えても、それを応用し広げていくことが苦手である。彼らは本当にロボットのようである。子どもたちがどんどんロボット化してきたのは、これまでの教育が工業製品を作るのと同じ原理で子どもたちを教育してきたからであり、全く必然的な結果なのである。

しかし、現在の子どもたちを取り巻くあいまいで複雑な高度情報化社会の中で、二〇世紀・工業社会で培ってきた教育や「学び」の方法を継承していくことは、もうすでに限界にきている。子どもたちを取り巻く高度情報化社会は、めまぐるしく変化する価値観や複雑に絡み合う人間関係、そして社会構造を特徴としている。きのうは正しかった情報が、今日はもう間違った情報になっている。そのような日常の中で「あいまい性のない知識をひとつひとつ系統的に学んでいく」ということれまでの教育が、いま限界にきているのだと思う。

正しい知識を簡単なものから複雑なものへ、ひとつひとつ系統的に積み重ねていけば立派な人間になれるという前提は、もうすでに古いものになりつつある。そして、この原則の背景にある「世の中には必ず正しい知識あるいは正解というものが存在する」という思い込み。そして、「たとえ今、自分は知らないとしても、どこかに真実がきっとあるはずだ。だからこそ、一所懸命勉強して正しい知識を獲得し、それらを積み重ね、そして真実を見つけださなければならない」という、私たちがいままで信じて疑わなかったパラダイムが、現在音をたてて崩れている。

そのような状況の中で、本来の「学び」を取り戻そうとする機運が二〇世紀末に浮き上がってきたことは幸いであった。それは、認知科学における様々な試みであり、そのひとつとしてサッチマンやレイブとウェンガーらが提唱した「状況的学習論」がある。「状況的学習論」では、そもそも知識とは常に環境あるいは状況に埋め込まれているものであり、したがって本当の「学び」とは環境や状況の中で、それらと相互行為(相互作用)しながらしか成立することは不可能であるとする。生きていくために役だつ「知」は、決して頭の中にあるのではない。「知」は状況に埋め込まれている。したがって、私たちの「学び」は、状況との相互作用によって生じるのである。二〇世紀末に浮き上がってきた認知科学における「状況的学習論」は、そのことを強調していた。

このような二〇世紀における「学び」探求の潮流を受け、本書では、第五章において日本の「学び」について振り返り、第六章において高度情報化時代の「学び」について検討してきた。つまり私は、二一世紀の「学び」を考えるキーコンセプトとして、日本の「学び」と高度情報化時代の「学び」を考えている。この一見全く異なった方向性を持っているように思われるふたつの「学び」が、実は二一世紀の「学び」を検討していく上で非常に重要であると私は考えている。結論を言えば、日本の「学び」こそ、つまり「しみ込み型の学び」こそ高度情報化時代に最も適した「学び」のスタイルであると私は考えているのである。

二一世紀の「学び」は……

二〇世紀の教育においては、「世の中には必ず正しい知識あるいは正解というものが存在する」という考え方が正しいように思えた。そして「正しい知識を簡単なものから複雑なものへ、ひとつひとつ系統的に積み重ねていく」という教育が、社会にとって好都合だったと言えるかもしれない。この世紀における学校教育は、基本的に近代西洋教育の枠組み、つまり「教え込み型」教育に基づいていた。

一方、二一世紀はますます高度情報化が進む時代である。私たちの周囲を取り巻く情報の量は莫大で、常に増大している。しかも、高度情報化社会はあいまいで複雑である。さまざまな情報が複雑に絡み合っており、また情報間の境界も見えづらい。あるいは、常に情報の意味やその情報自身が変化し続けている。ある時には正しかった知識が、次の瞬間には間違ったものとなる。「正しいとも言えるし、正しくないとも言える」という場合すらある。人々の「学び」、特に子どもたちの「学び」も、本来ならばこのような時代の変化とともに変わっていかざるを得ないものである。

しかし、教育の現場では相も変わらず二〇世紀のパラダイムを踏襲している。学校教育では間違ったことは教えられないし、正しいかどうかわからないことも取り扱うことは避けられている。「正しいとも言えるし、正しくないとも言える」という情報は、現実の世の中にはあふれかえっていたとしても、学校という垣根の中では全く無視されている。その結果、私たちの周りでは、教育の欠陥がいたるところで表面化している。例えば、学びの場であるはずの「学校」で、「いじめ」や不登校、学級崩壊が問題視されてから多くの時間が経過した。その間に様々な対処策が検討され実際に実行されてきたが、どうもいまいち効果が感じられない。

そのような事情など関係ないとでも言うかのように、世の中の情報化はますます加速している。そしてとうとうコンピュータやインターネットを活用して学ぶという「学び」のスタイルまでが登場した。正しくわかりやすい情報を可能な限り短時間で効率よく学習してもらうための「学び」のスタイル、それがｅラーニングである。しかし、そのようにして得た情報にはいまいちリアリティが感じられない。最新の情報を数多く持っていたとしても、現実の社会で生活していくのにどのように活用したらよいのかがわからない。ｅラーニングは「教え込み型の教育」には向いているが、「しみ込み型の学び」をもたらすことができるのかは、今のところ疑問である。少なくとも、ｅラーニングを行動科学から始まる二〇世紀の「学び」スタイルの延長線上においてとらえている限りは、一見高度情報化時代の「学び」スタイルのように見えたとしても、それは単なる錯覚である。

　結論を言えば、高度情報化時代における「学び」としては、日本の「学び」、つまり「しみ込み型の学び」、つまり学習者自身が環境や状況の中から学びとっていくという「学び」のスタイルが適していると私は考えている。つまり、膨大な情報の中から本当に自分にとって有効な情報を取り出すためには、自らの身体をその環境や状況に置くことが必要不可欠であり、そのことによって初めて意味の変化する情報を有効に活用することが可能になる。私たちが身体を有していることからのみ生じる意味を学ぶためには、リアリティのある「現場（現実）」に可能な限り身を置くしかないのである。そうすることによって、自分にとって本当に有効な情報を、無限に広がる情報の海の中から拾い上げることができる。

　その意味で、二一世紀の「学び」とは、情報を数多く頭の中に取り入れ蓄積することではなく、また多くの情報を系統的に整理し効率よく検索することによってスピーディに取り出せるということでもない。二一世紀の「学び」とは、自分にとって有効な情報を無限に広がる情報の海の中から見つけだし拾い上げることであり、自分にとって心地よいやり方で、そして自分にとって有効に使うことなのである。

　もちろんこのような考え方は、eラーニングを全面否定するものではない。インターネット上にある無限の情報、バイアスのかかっていないそれらの情報は、身体的なコミットによる「学び」があることによって、その学習者にとって一挙に有効な知識に変身する。そして、その知識は、リアリティを持って私たちに受け入れられるのである。つまり、私たちは、インターネットを通して得た情報をいかにして身体的なリアリティに結びつけるのかを探究しなければならない、ということである。もし、この試みに失敗したとしたならば、インターネットからいくら多くの最新情報を獲得することができたとしても、それはリアリティのないクズ情報に他ならないのである。

そろそろ教育や「学び」に関して、少し本質的なところから検討し直す時期にきているのかもしれない。これまでの「正しい知識を簡単なものから複雑なものへ、ひとつひとつ系統的に積み重ねる」という常識を一旦白紙に戻した上で、改めて二一世紀の高度情報化時代における教育や「学び」を考えなければならない時期にきている。

第三部

自閉症の「学び」から考える

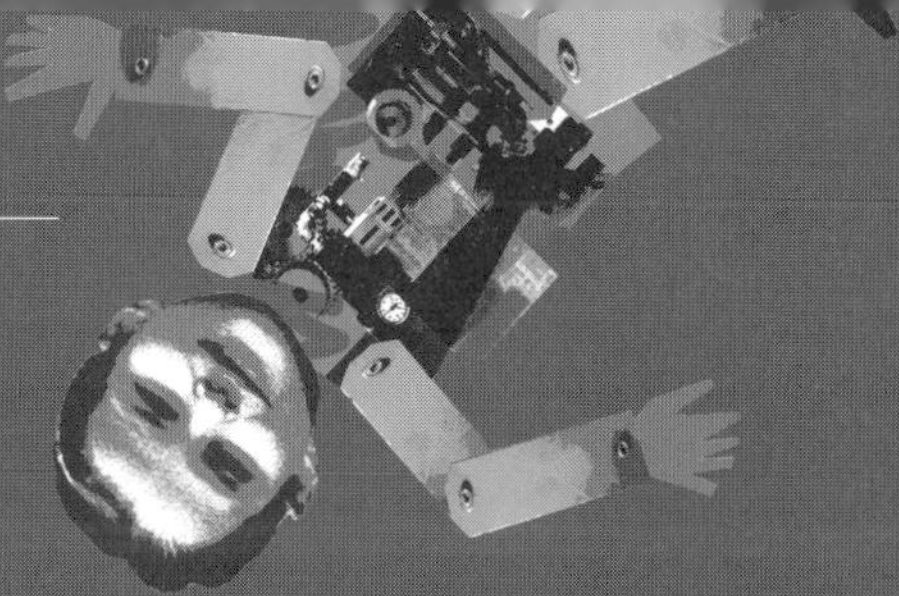

第八章　あいまいで複雑な日常で学ぶ自閉症

▨あいまいで複雑な日常生活の中で

まず、私が実際に経験したエピソードを紹介することから始めよう（渡部　二〇〇三）。

私が小学生の頃には、どんなに朝早く学校に行っても教室に入れた。しかし、最近では夜間、教室の鍵を閉めているようだ。

ある朝、先生が少し遅刻し障害児学級の鍵を開けるために急いで教室に行ってみると、自閉症の健太（仮名）が教室のドアの前で立っていた。廊下はびしょぬれ、健太のズボンも濡れている様子。先生はとっさに言った。

「どうしてトイレに行かなかったの？　トイレはすぐそこなのに！」

健太は入学当初、昇降口から教室へ行き先生が来るまで待っているという一連の行動ができなかった。そこで担任の先生は、昇降口の写真カード、下駄箱の写真カード、階段の写真カード、教室の写真カード、自分の机の写真カード、トイレの写真カード……を作った。これで健太は、束ねられたそれらのカードを上から順番にめくっていくことによって、一連の行動を遂行することができる。

数週間後、このカードと先生の熱心な指導のおかげで、健太はこれら一連の行動が可能になった。そしてその日も、いつものように昇降口から入って、いつものように下駄箱に靴を入れて、いつものように階段を上って、いつものように教室の中に入って、いつものように自分の机の上にランドセルをおろして、いつものようにトイレに行って、いつものように……のはずであった。

ところが、たまたまその日は違っていた。教室のドアには鍵がかかっていたのである。彼が持っていた写真カードの中には鍵のかかったドアなどもちろんなかったし、彼の行動レパートリーにも「ドアの前にランドセルをおいてトイレに行く」という選択肢はなかったのだった。

改めて考えてみると、日常生活では予想外のことが頻繁に起こっている。いつもは冷蔵庫の中にあるはずの牛乳がたまたま切れていたり、いつもは時間通りに来るはずのバスがたまたま渋滞でいつも通りには来なかったり……。私たちなら何気なく対処可能なこんな出来事が、自閉症の子どもたちにとっては大問題となる。事前に、ひとつひとつ対処法を指導されていればよいが、そんなことは絶対に不可能。日常の中で起こりうる可能性のある出来事は、無限にある。

もちろん、このような特徴を持つ自閉症の子どもたちに対してどのように教育したらよいのかということについては、これまで多くの教育の専門家（教師や研究者など）が研究を積み重ねてきた。彼らが最も大切だと考えていることは、自閉症の子どもたちに対する教育は一般教育に対してずっとデリケートであり、したがって科学的できめ細かな教育が必要ということ。つまり、子どもたちの障害の種類や重症度を客観的・分析的に明らかにし、簡単なことから複雑なことへと系統的にひとつひとつ丁寧に教え込んでいくということが大原則になる。健太に対する写真カードの指導も、この原則に従っている。それにもかかわらず、先のような事件が起きてしまった。先生がちょっと遅刻した。たったそれだけで、事件が起きてしまったのである。

「うどんの中にネギを入れる」のは簡単か？

エピソードを、もうひとつ……。

次は、ある養護学校の調理実習を見学したときの経験である（渡部　一九九八ａ）。

先生が「うどん作り」のため学級の子どもたちに用意した教材は、五枚のカードであった（図8-1）。何枚のカードを用意するかは、それぞれの子どもの障害の重さで異なってくる。障害の軽い子どもに対しては四、五枚のカードで十分だが、障害が重くなればなるほどそのカードの枚数は増えてくる。とりあえず先生は、自分の学級の子どもたちだったら五枚のカードで十分と考えたわけである。

確かに、障害の軽い子どもに対しては、料理のおおざっぱな手順を示せばよいだろう。彼らは、一枚目からそのカードに従って作業を行い、それが終了したらそのカードをめくって二枚目に進む。そうやってカードを一枚ずつこなしていき、最終的には「うどんのでき上がり」ということになる。

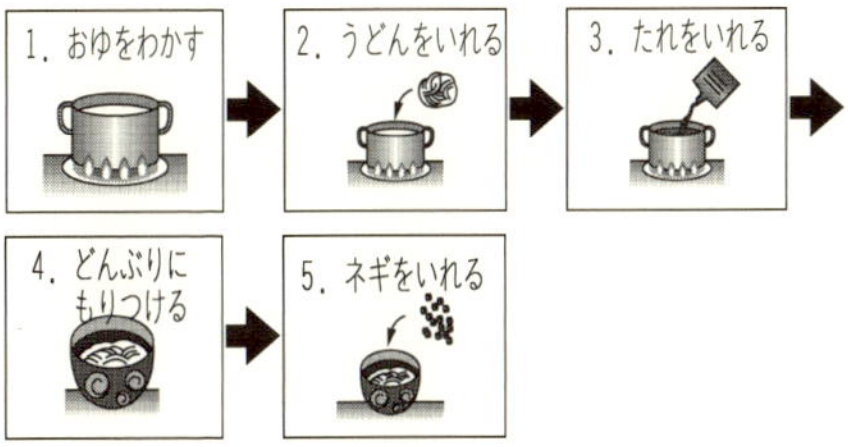
1. おゆをわかす
2. うどんをいれる
3. たれをいれる
4. どんぶりに もりつける
5. ネギをいれる

図8-1　うどん作りの手順を示したカードの例

ところが、障害の重い子どもにとって、それはそれほど簡単なことではない。例えば、障害の軽い子どもが難なく通過した一枚目のカード「お湯を沸かす」ということでも、さらに数枚のカードを用意する必要がある。つまり、「なべを用意する」「なべに水を入れる」「なべを火にかける」「沸騰するまで待つ」などのカードを新たに用意しなければならない。重い障害を持つ子どもはそのカードを一枚一枚めくりながら、ひとつひとつの作業を確実にクリアしていく。このような指導は「スモール・ステップ」と呼ばれ、現在の障害児教育では鉄則として守られている。

さて、それでは、さらに重い障害を持つ子どもたちに対してはどうだろう？　この程度の「スモール・ステップ」では不十分と考えられた場合、さらにそのステップを細かく分けることになる。つまり、図で示した「お湯を沸かす」という一枚目のカードは、「なべを食器棚から出す」「なべを水道のところまで持っていく」「なべに水を入れる」「なべをガスレンジにかける」「ガスレンジのつまみを回し火をつける」……。障害の軽い子どもでは一枚のカードで十分だった「お湯を沸かす」という作業でも、何十枚というカードを必要としてしまう。

さて、私が調理実習を見学していたとき、知的障害のあるまさる君（仮名）にひとつの事件が起こった。まさる君の役割は、他の仲間が作ってくれたうどんの中に、ネギを切って入れるという仕事。障害の重さを考慮して先生が決めた「最も簡単な作業」だった。先生の考えていた「ネギを切ってうどんに入れる」ための作業時間は、五分。ところが実際には、「ネギを切ってうどんに入れる」のに三〇分以上かかってしまった。見学後の反省会で、このときの様子を先生は次のように語った。

まさか「ネギを切ってうどんに入れる」という作業がそんなにも難しいとは、思ってもみませんでした。本当に、五分もあれば十分だと信じていました。

ところがまさる君は、一片ごとに包丁をネギの上にのせて「ここを切って良いのか？」とでも言うように私の顔を見ます。そこで「切って良いよ」と言うと、ようやく切ることができるのです。さらに困ったことに、その切ったネギをうどんの中に入れるときにも、なかなか入れることができません。直径二〇センチ位のドンブリのどこの位置に、その一片のネギを入れたらよいのかわからないのです。いろいろと「あっちに入れようか、こっちに入れようか」と迷っていますので、適当なところで私が「そこで良いよ」と言ってやると、それでも不安そうな顔をしながら指に摘んでいたネギを離します。

結局、そんなこんなで、五分と予定していた「ネギを切ってうどんに入れる」というまさる君の作業が終わったのは、何と三〇分も後のことでした。

私は、とても簡単な作業だと思いこんでいた「うどんの中にネギを入れる」という作業が、「まさる君にとってはとても難しい作業なんだ」ということを知りました。

改めて考えてみれば全く当たり前のことなのだが、「お湯を沸かす」という一枚のカードには膨大な量の情報が含まれている。障害のある子どもはそれを理解することが非常に難しい場合がある。それに気づかされるのは、まさる君の示したような現象に出会ったときである。まさる君に調理指導をしていたこの先生だけでなく、誰しもが「ネギを切ってうどんに入れる」という行動を「簡単な作業」と思ってしまう。しかしながら実際には、この一見「簡単な作業」を遂行するためには膨大な情報処理が必要なのである。逆に言えば、人間は膨大な量の情報処理を、日常生活の中で意識することなくいとも簡単に行っているのである。

自閉症とは?

私は、人間の「学び」、そして特に子どもたちの「学び」がどのようなメカニズムによって成り立つのかを知るために、あえて「学び」に関しては非常にデリケートな自閉症の子どもたちと三〇年近くにわたりつきあってきた。ここで、「自閉症」について簡単に紹介しておこう(渡部 二〇〇一a)。

自閉症(autism)は、一九四三年にL・カナーが発見した当初、対人的な接触障害が基本的障害であると考えられていた。つまり、その両親が「冷たい人」であり、子どもは心の傷を負い、自ら自分の殻に閉じこもったことが自閉症の原因であると考えられていた(情緒障害説)。したがって、その教育も子どもの自由を最大に尊重しながら一緒に遊び、その傷を癒していくというというアプローチが取られていた。しかしながら、その後、自閉症の子どもの親は必ずしも「冷たい人」とは限らないこと、そして自閉症の子どもの多くに、てんかん発作が伴ったり脳波異常が認められることが報告されるようになり、その理解は一九六〇年代から一九七〇年代にかけて、大きく変化していく。つまり、自閉症の基本障害は脳障害による言語や認知の障害であると理解されるようになった(言語認知障害説)。M・ラターが提唱したこの説は多くの自閉症研究者を刺激し、その後しばらく自閉症の言語障害についての研究が続くことになる。それに伴って、教育の方針も、単に心の傷を癒すというだけではなく、発達理論に基づいた「訓練」を行うべきであるというように考え方が変化した。

しかし近年、言語障害のみでは自閉症の多用な症状を統一的には説明できないということから、再び自閉症をどう理解したらよいのかについての研究が行われている。そのなかで着目されているものとしては、R・ホブソンが一九八〇年代半ばに提唱した「感情認知障害説」やS・バロン＝コーエンが同じ時期に提唱した「心の理論（Theory of Mind）」の障害仮説がある。特に、心の理論の障害仮説は、自閉症に特有の対人関係障害と認知障害を結びつけようとしたものであり、現在でも多くの支持を得ている（Baron-Cohen 1978, 1995）。

ちなみに、自閉症の中にはコンピュータとてもよく似た行動を示すものがいる。例えば、八七年前の一二月二五日が何曜日であったかを即座に答えてしまう自閉症、一度ＣＤで聞いたピアノ演奏を即座に何も見ずほぼ完璧にひき始める自閉症、異常なほど細かなところまで正確に対象を描写する自閉症などを目の当たりにすると、人間というものに秘められた才能に驚く。これらの優れた才能を持つ自閉症は「サヴァン症候群（Savant Syndrome）」（Treffert 1989）とよばれるが、映画『レインマン』の主人公レイモンドは、その典型例である。

そのような自閉症の子どもたちは、「学び」に対しても非常にデリケートである。そして、学習能力も非常に低い場合が多い。障害を持たない子どもたちは、多少教え方が悪かったとしても何とか自ら努力することにより学習することが可能である。しかし自閉症の子どもたちは、教え方やつきあい方がまずいと、なかなか「学び」が成立しない。また、せっかく学習したと思っても、それが他の場面で生かせない。そして、苦労して学んだことでも、すぐに忘れてしまう。彼らは「学び」に対して、非常にデリケートなのである。

私たちは、次に示す基本的な考え方を、自閉症などの障害を持った子どもたちとつきあう際に用いてきた。

教育現場の「常識」

子どもたちに対して何らかの活動を起こす場合、私たちは彼らを「正しく理解」しなければならない。子どもを正しく理解するために、私たちは独断や偏見を捨て、彼らを客観的・分析的に観察し理解しなければならない。教育者にせよ、研究者にせよ、経験をつむことによって、あるいは多くの知識を身につけることによって、より詳しく、そしてより深く障害を持った子どもについて客観的・分析的な理解が可能になるとされてきた。そして、子どもたちを客観的・分析的に理解するために、多くの検査法、評価法、測定法が過去の研究によって開発されている。これらの方法を適切に用いることによって、私たちは障害を持った子どもたちについて客観的・分析的に理解することが可能となるのである。

さらに、障害を持った子どもたちに対して働きかけを行う場合、その最終目標は健常児あるいは正常成人であることに疑いはない。子どもにとって、できることが多ければ多いほど幸せであり、社会参加も可能となる。したがって、その働きかけは発達尺度にそってなされるべきである（図8-2）。図の直線は発達尺度を示しており、矢印の方向に行くに従って発達したとみなされる。この発達の各段階の順序性は、過去の科学的な研究に基づいて設定されている。例えば、一歳三カ月頃には独り立ちできるとか、二歳になれば友達の名前が言える、というように。

教師あるいは指導者は、子どもに対し、検査などの科学的な方法を用いてアプローチし、発達線上の一点に現在の発達段階を位置づける。そして同じ発達線上の少し進んだ地点にとりあえずの目標を定める。障害を持つ子どもに対する働きかけの場合、一般教育と比較し、現在の発達段階と目標値の間隔を小さくとることが考慮されるべきであるとされる。いわゆる「スモール・ステップ」である。

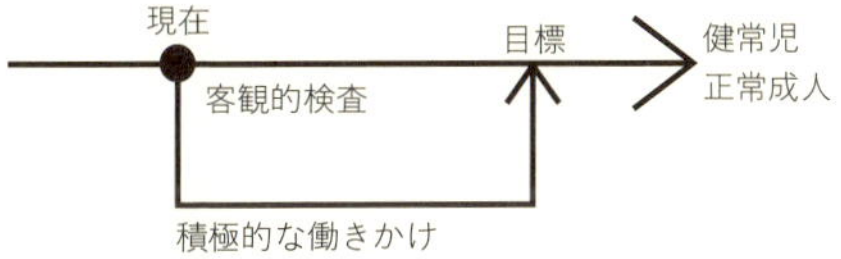

図 8-2 「発達」に関する常識的な考え方

目標値が設定されると、教師や指導者はその目標を達成させるため、つまり目標とした行動を形成するため、対象に対し働きかけを行う。そして再び対象を客観的・分析的に評価し、その発達が確認される。このとき、その発達が客観的・分析的に確認できる、つまり目に見える発達であるということは重要である。

この目標値をいかにうまく設定するか、あるいはこの目標値にいかに早く確実に到達させるか、つまりいかに効率的に目標行動を形成させるかが、働きかけの良し悪しを決定する。そのために、教師は○○法、××法といった教育・訓練技術を習得しなければならないし、研究者はより効果的な指導法あるいは訓練技法を開発しなければならない。そして、このとき考慮されるべきことは、障害を持った子どもは健常児と比較し、自ら学習する能力が低く受動的であるので、教師や指導者の働きかけが絶対的な意味を持つという点である。したがって、教師や指導者の責任は重大であり、働きかけの意義は大きいと言えるのである。

このような基本的な考え方は必然的に、障害児教育の現場に、次のような常識をもたらす。

私たちは、子どもたちが最終的には、日常生活の中でうまくやっていくための力を身につけてほしいと考える。ところが「日常生活」というのは非常に複雑であり、さらに困ったことにはとても「あいまい」である。複雑であいまいな環境の中でうまくやっていくことは、障害を持った子どもたちにとって一番苦手なことである。それではそのような最終目標を達成させるためには、どのようなプロセスを考えればよいのだろうか？　このような問いに対する回答は、決まっている。そのプロセスとは、「簡単なものから難しいものへ」「単純なものから複雑なものへ」というものである。そして、健常児よりも能力の劣っている子どもは、そのプロセスを健常児よりは小さなステップを踏んで一歩一歩前進していくと考えるべきとされる（図8-3）。そこで、「きめ細やかな指導」が重視される。この方向性（ベクトル）は、換言すれば、「実験室（訓練室）から日常生活へ」と考えることもできるのである。

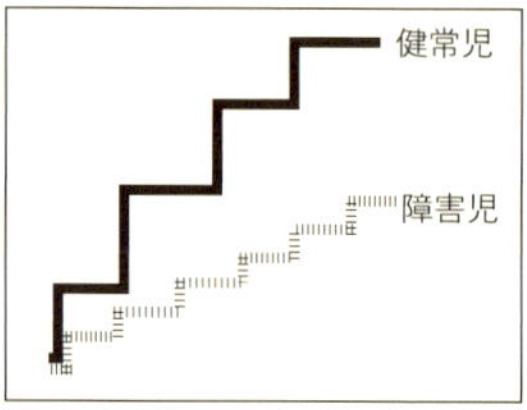

図 8-3　スモール・ステップ

▨マクドナルドでチーズバーガーを買おう

ここでもうひとつ、学校教育の現場で私が経験したエピソードを紹介しよう。

養護学校では、生活能力を指導するためにしばしば「買い物指導」が行われる。これはもちろん、日常生活で困らないようにという配慮のもとに行われるのだが、それに加えお金の計算という算数能力向上という目的もある。

私が見学に行ったとき行われていた授業は「研究授業」ということもあり、とても入念に準備されていることがすぐにわかった。教室には、子どもたちが大好きな「マクドナルド」の店が再現されている。お店のシミュレーションとして、あの「マクドナルド」の看板がほとんど本物かと思われるようにかけられていた。ふたりの先生のうち若いほうの先生が店員役になり、その象徴である帽子をかぶっている。子どもたちは、小学校三年から六年までの自閉症児や知的障害児が四名。大好きな「マクドナルド」の店を前にして、ワクワクしている様子である。

年配の先生が口火を切った。

「今日は、皆さんが大好きなマクドナルドのお勉強です。先生たちは一所懸命こんなすてきなお店を作りました。」

子どもたちは「すごいなあ、かっこいいなあ」と感激している。

先生は「今日は、このマクドナルドの店でチーズバーガーを買うというお勉強をしましょう。皆さんが上手にチーズバーガーを買えるようになったら、課外活動の時間に駅前のマクドナルドの店に行って、実際にチーズバーガーを買ってみましょうね」と続けた。

まずは、教室の中で十分に練習してから、最後に実際のマクドナルドの店に行って「仕上げ」をするという計画らしい。確かに、最初から実際のマクドナルドの店に行けば、いろいろと失敗したりするだろう。

年配の先生は、おもむろにひとつの箱を取り出した。そこには、ハンバーガー、チーズ・バーガー、ダブル・バーガー、フィッシュ・バーガー……などの写真とその名称、そして値段が書いてあるたくさんのカードが入っていた。その他にも、ホットコーヒー、アイスコーヒー、コーラ、ジュースなどのカードがあった。事前に先生がそれらすべてを購入し、ポラロイド・カメラでひとつひとつ写したのだろう。かなり手の込んだ教材である。

授業は順調に進み、各々の子どもたちは無事、「マクドナルドのお店」でチーズ・バーガーを買うことができた。障害の重い子どもはカウンターのところで「チーズ・バーガーをひとつ下さい」と注文することを学び、障害の軽い子どもは正しくお金を支払いおつりをもらうことが学習できた。最後に先生は次のように宣言し、この授業は終了した。

「みなさん、今日は良くできましたね。次回は、ふたつの品物、例えばチーズバーガーとジュースを買うというお勉強をしましょう。」

しかし、このような一連のシミュレーション授業を観察していて、私には言いようもないほどの違和感が生じた。それは、次のような違和感である。

実際に私たちがマクドナルドの店でチーズ・バーガーを買う時のことを思い浮かべてみよう。チーズ・バーガーを買おうとマクドナルドに行ったとしても、例えばチーズ・バーガーが売り切れだったり、店でフィッシュ・バーガーを食べている人を見たら急にフィッシュ・バーガーが食べたくなったり……。あるいは、いつもは高くて買えないダブル・バーガーがサービス期間中でチーズ・バーガーより安かったり、予定通りチーズ・バーガーを買って「さあ食べよう」と包みを開いたとたんポトッと中身を落としてしまったり……。実際の生活では予想もしていない様々なことが起こり、何が起こるか予想できない。

ここで問題なのは、「あいまいで複雑な日常（＝無限）」と「教室内のシミュレーション（＝有限）」との間に本質的な違いはないのかということである。つまり、教室内のシミュレーションとして先生が店員になり「チーズ・バーガーを買う」という事態を綿密に計画された場面と、実際のマクドナルドの店で「チーズ・バーガーを買う」という場面は、本当に同じなのかという問題である。さらに付け加えれば、教室内のマクドナルドのお店でチーズ・バーガーを買うことのできた子どもは、本当に実際のマクドナルドのお店でチーズ・バーガーを買うことができるのだろうか、という問題である。
「マクドナルドでチーズ・バーガーを買う」という能力は、実際に「マクドナルドでチーズ・バーガーを買う」ことによって初めて身に付くものではないだろうか？

▨肩の力を抜くこと

古い話で恐縮だが、二五年くらい前の私は、障害児を持った母親から相談を受けたとき、「お母さんがんばって下さい。一所懸命訓練すれば、きっとよくなりますよ」と励ましの言葉をかけていた。そして実際に、障害児に対して一所懸命訓練していた。この言葉は、現在の障害児教育を象徴している。障害を持ったことは不幸なことである。しかしがんばって子どもを訓練・教育すれば、障害はきっとよくなってだんだん健常児に近づいてくる。かつての私は、それを信じて疑わなかった。

この頃、私が経験した話をひとつ（渡部　一九九八a）。

障害児を持つ、訓練にとても熱心な母親がいた。ある日、私は、その子どもの家を訪問した。そして、私はとても驚いてしまった。「足の踏み場がない」という表現は、この情景のためにあるのだ、と思った。

母親は、笑顔で言う。

「この子のことで精いっぱい。掃除をする暇もないんですよ。」

私は、その時思った。

この母親の頭の中は、子どもの障害を治すことで精いっぱいに違いない。一所懸命に訓練に通って、家に帰ってくる頃には母親も子どももグッタリ疲れ、店屋物でもとり夕食をすますなどということも多いのだろう。父親が帰ってくる頃には子どもも眠ってしまい、母親も疲労の限界を超えて、はずむ夫婦の会話など夢のまた夢。ブスッとした顔をして夕食をレンジで温め、夫と向かいあってする話しは子どもの障害のこと。夫は「またか」と心の中で思い、眼をテレビのナイター中継に移す。

ちょっと極端かもしれないが、それほど現実と違っているとも思えない。

「これで本当に子どもは成長するのだろうか？」

《障害児は、その子どもの障害に的を絞った「訓練」さえしていれば発達するものだろうか？》

今思い返すと、そのような若いときに感じた「何か居心地の悪いという気持ち」が、私の研究を支えてきたのだろう。

一方、長年にわたり障害を持つ子どもたちと接してきた私にとって、忘れることができない言葉もある。「肩の力を抜く」という言葉である。この言葉は、障害を持つ太郎（仮名）が初めて私のところに来たとき、母親がぽろっと言った一言である（渡部　一九九八a）。

ある日、母親につれられて太郎が私のところに来た。私は初めて相談に来た子どもにいつもするように、母親に対して子どもの成育歴などを詳しく聞いた。その際、多少は母親の質問に対して自分なりのアドバイスはしたのだろうが、今となっては詳しくは覚えていない。ひと通り検査や相談を終え、今日は終わりにしようとしていたときである。太郎の母親が、私に言った。

「先生にお会いして、やっと息をすることができました。これまでの五年間、私は息をすることができませんでした。だって、どこに相談にいっても必ず、『お母さん、この子の将来はあなたにかかっています。一所懸命がんばって下さい』と言われ続けてきたから。」

予想もしていない言葉だったので、私は何と返答したらよいのかわからずただ微笑んでいた。

「一所懸命がんばって」は、障害児教育のトレードマークである。

「一所懸命がんばって訓練しましょう。そうすれば、今は辛いかもしれませんが、子どもの障害も改善して後が楽になりますよ。」

そして、太郎の母親にとって、「肩の力をぬいて」は、太郎を産んでから五年間耳にすることのなかった言葉だったのである。

確かに、人間にとって、「がんばる」ことはひとつの大きな力を生み出す。

《しかし「肩の力をぬく」ことも、人間の力が発揮されるもうひとつの重要な側面ではないだろうか?》

「現在の障害児教育はこのことをすっかり忘れている」

私はその時、そう思った。

▨ロボットとの出会い

私がロボット開発に興味を持ったのは、幼い頃大好きだった鉄腕アトムが自分自身の意志を持ち、自分自身の判断で行動していたことを思い出したからである。近年のロボット開発の勢いは目を見張るものがあるとはいえ、現在のところ鉄腕アトムのようなロボットは実現していない。どのロボットも、ロボットにさせたいことを事前にひとつひとつ系統的にプログラムしておかなければならない。

ここで、私ははたと気がついた。ロボットも自閉症も全く同じ「弱さ」を持っているのではないか、と。ロボットも自閉症も事前に教えられたこと、あるいはプログラムされたことしか実行できない。鉄腕アトムのようではないのである。ところがこの世は、とてもあいまいで複雑。日常生活には予想外のことがあふれている。私たちなら何気なくできる「予期せぬ出来事に何とかうまく対処する」ということが、彼らにとっては非常に困難なのである。こうして、私の中で自閉症教育とロボット開発とが出会った。

さらに驚かされたのは、一九八〇年代に起こったロボット開発におけるパラダイム・シフトを知ったときだった。確かに、それ以前は「ロボットを人間に近づけるために、ロボットにさせたいことをひとつひとつ系統的にプログラムしていく」という、まさに常識的な障害児に対する訓練パラダイムと全く同じような手法が用いられていた。

しかし本当に驚くべきことだが、彼らは八〇年代に入りこの研究の方向性を一八〇度変えてしまった。彼らは「これまでのパラダイムでは、ロボットは人間に近づきえない」ということに気づき始めたのである。そして彼らは、具体的な行動をひとつひとつプログラムすることを止め、もっと根本的な法則をロボットにプログラムしようとするようになった。ロボットの「行動」は、ロボット自身に学習させようとし始めたのである。

例えば、UCLA（カリフォルニア大学ロサンゼルス校）のA・ルイス教授を中心としたグループが開発した自己学習ロボット「GEO（ジオ）」。このロボットの目的は「歩くこと」なのだが、「どのように足を動かすか」はプログラムされていない。GEOのコンピュータには、初期条件として、前進するという目的と平衡感覚とが組み込まれている。しかし、どのように足を動かすかはプログラムされていない。GEOはバラバラな動きの中から、自発的に歩き方を学んでいくのである。

私がGEOについて非常におもしろいと思ったことは、スイッチを入れてもすぐには歩き出せないということである。初めは足をバタバタと動かしているだけである。しかし、これは単なる無駄な動きではない。前に進むためにはどうしたらよいのかを、GEO自身が試行錯誤の中から探り出しているのである。結局、GEOがスムーズに歩けるようになるまでには一週間を必要とする。この一週間、私たちはGEOが学習するのをじっと待っていなければならないのである。

しかし、自ら学習して歩けるようになったGEOには、すばらしい能力が生まれていた。進行方向にでこぼこ道があったり、水たまりがあったとしても、自分自身の力で試行錯誤しながら新たな歩き方を見つけだせるという能力である。つまり、「予期せぬ出来事に対し何とかうまく対処する」ことができるようになっていたのである。これは、初めから平らな床の上を歩くというプログラムを組み込まれたロボットでは絶対に不可能なことであろう。そのようなロボットは、予期せぬ出来事に出会った場合、そのたびに人間がプログラムを修正してあげなければならないのである。

ロボット自身に学習させる……自閉症の子ども自身の「学び」を大切にする。こんな当たり前のことを、私はロボット開発から改めて気づかされたのである。GEOはスムーズに歩けるようになるまで一週間を必要とした。しかし、障害児教育は自閉症の子どもたちが自分自身で「学ぶ」のを待つという発想をほとんど持っていない。その障害のために学習能力が低いと理解し、科学的教育という名のもとに大人が一方的に教え込むことが多かった。しかし、その結果みえてきたのは、あいまいで複雑な日常生活の中で一歩も進めず立ち止まる自閉症の子どもの姿であった。

私たちは、一年後、五年後、そして一〇年後を考えて、自閉の子どもの子どもたちを育てていかなければならない。大切なことは、教えたことがすぐ結果として現れることではない。彼ら自身が自ら「学ぶ力」をつけ、予期せぬ出来事に出会ったときにも何とかうまく対処できるようになるということである。それがたとえ、一〇〇点満点の対処法でなくとも。

第九章　自閉症「学び」のメカニズム

▨太郎の「太鼓踊り」

これまでの障害児教育には、ひとつの原則があった。個々の障害の特徴や障害の程度を考慮し、専門的な知識に基づいた効果的な指導を、ひとつひとつ丁寧にそして系統的に行わなければならない。今までずっと、この原則に従って教育が行われてきて、それなりの障害改善という実績を上げてきた。しかし最近、学会や現場において、これまでとは少し違った考え方で子どもたちを育てていこうとする風潮が現れてきた。指導者の専門的な働きかけよりは、子どもたちの中で学ぶということの効果の方を重視しようとする考え方である。

まず最初に、私自身が経験した次のような全く個人的な事件（事件とは言えないほど些細なことだが）を紹介したい（渡部　二〇〇一b）。

自閉症と診断された五歳児の太郎（仮名）。保育園に入園し、普通児の中で生活している。

私が保育園を訪れた日、彼は運動会の出し物である「太鼓踊り」を皆と一緒に練習していた。保母によれば、その日が練習初日とのこと。

なんて上手に踊っているんだろう！

私は、太郎が皆と一緒に踊っている様子を見て、そう思った。私の目の前で踊っている太郎は、大学の訓練室で出会う彼とは別人のように思えたのである。そして、私の頭の中に、ふと次のような疑問が生じた。

《もし、保母さんと一対一で踊りの指導を受けたら、太郎はもっと上手に踊れるようになるのだろうか？》

もし、他の子どもがいなくて、保母と太郎との一対一の練習だったら、太郎は保母からもっと手厚い指導、きめ細かな指導がうけられるはずである。保母は、太郎の反応を見て、太郎だけを対象にして指導することができる。大勢の中で練習をするより、一対一で指導をうけた方が、間違いなく太郎にとって踊りは上達するはずである。

しかし、私は、大勢の子どもたちのざわめきの中で、ある種の確信を持ってそれを否定した。保母と一対一だったら、こんなに上手には踊れないに違いない。このざわめきこそが、太郎を上手に踊らせているのだ。大人ではなく子ども同士、ひとりではなく大勢、これこそが太郎を上手に踊らせているのだ。

私は、そう思わずにはいられなかった。しかし、この「主観」を、私は、いったいどのように説明したらよいのだろうか？　そして、子ども集団のなかで、太郎はどのようなメカニズムによって自発的な「学び」を行っているのだろうか？

ここでは、太郎に対する二年間の継続的な観察をふまえ、「学び」が生まれるメカニズムについて検討していきたい（渡部　一九九七、一九九八b）。

▨「学び」が生まれるメカニズム

私が太郎に最初に出会ったのは四歳一カ月のときであったが、その当時太郎に意味のある発話はなかった。母親が話しかけるとほほえんだり、強い禁止などは理解できたが、私に対しては全く無視の状態だった。母親によれば、母親以外ほとんど他の人や子どもとコミュニケーションをとることは不可能であった。

四歳六カ月で保育園に入園。当初は子ども集団に入ることができず、ひとりで家から持ってきたミニカーなどで遊んでいることがほとんどであった。担当保母など園側の太郎に対する指導方針としては、「個別的な配慮や指導は特に行わず、子ども集団に参加できることを目標として保育する」（担当保母の言葉）というものだった。私は太郎が在席していた二年のあいだ随時、園における観察を行った。また、母親および保母に対するインタビューもそのたびに行った。

太郎には入園直後から発達が認められた。一年後、年長クラスに進級する時には、単語レベルの発話が可能になった。それにともない、他の子どもたちの中にも少しずつ入れるようになっていった。さらに一年後の卒園時には、二語文での会話が認められるようになり、ひとり遊びもほとんどなくなった。

もう少し具体的に、二年間を振り返ってみよう。

入園三カ月後、教室内の自由遊び場面で、ブロック遊びをしている子ども集団から四〜五メートル離れたところで、太郎はひとりでブロック遊びをしていた。この頃には、未だ子ども集団に入ることはできないでいたが、太郎が周囲の子どもたちを意識して行動していることは明らかであった。また、この頃、次のような興味深い行動が観察された。

《エピソード1》

園庭での自由遊び場面。子どもたちが四、五人で戦争ごっこをしている様子。太郎はその集団に近づくが、集団には入らず少し離れたところをぶらぶらと歩きまわっている。私は、それは太郎がまだ皆と一緒に遊べるレベルではないからだと理解し、ぶらぶら歩きながら自分の世界を楽しんでいると思っていた。

戦争ごっこをしていた子どものひとりが、突然右手を高くかざし「エイエイオー」と叫びながら行進しだした。それに合わせて、そばにいた子どもたちも同じように「エイエイオー」とやりだした。すると今まで自分の世界に入りこんでいたと思われた太郎も、その場で（集団からは少し離れていた）「エイエイオー」と言いながら右手を高くかざして歩きだした（発音は曖昧だったが、私には確かにそう聞こえた）。それはまさに、「つられて」という表現がぴったりの行動であった。

本田（一九八三）によれば、人間は各自特有の「世界」を持ち、その「世界」に特有の「意味」を持って行動している。そして、子どもには大人とは全く異なる「世界」があるという。確かに太郎はコミュニケーションが困難であり、その意味では周囲の子どもたちと異なった「世界」を持っていたかもしれない。しかしながら三カ月の保育園の生活の中で、太郎の「世界」は子どもたちの「世界」に徐々に近づいてきたものと考えられる。そして、ここで紹介したエピソードは、その「世界」が非常に近いものになったことによって生じた「行動の共振」であると考えられる。W・S・コンドンは、コミュニケートするふたりの身体のリズムが交互に同調しあう生理学的事実を明らかにし、「二人ないしそれ以上の人間の間のリズムが絡み合っている時、つまり共調している時に起こるプロセス」を「エントレインメント（entrainment）」と呼んでいる（Condon 1976）。さらにE・T・ホールは、コンドンの「エントレインメント」の概念が、人間の行為のレベルに表れる共調作用にも当てはまることを主張している（Hall 1983）。コンドンやホールが「エントレインメント」の概念を用いるとき、彼らの対象としている行動は非常に初期のレベルであるが、太郎が示した現象においても同じメカニズムが生じていると考えられる。つまり、太郎のコミュニケーション発達の第一歩となったのは、「世界」を共有する子どもたちとの間に生じた「行動の共振」であったと考えられた。

▨子ども集団の中で生じる「学び」

入園三カ月以降、「行動の共振」がしばしば観察された。例えば、太郎は子ども集団からは離れた所にいることは多かったが、保母の質問に対して皆が一斉に手を挙げると一緒に手を挙げるというような行動がしばしば認められた。このような経験を積み重ねることによって、太郎の「世界」は子どもたちの「世界」と急速に接近していったことが予想される。

入園五カ月を経過した頃には、子どもたちの行動を意図的に模倣する場面も増加してきた。この時期の太郎の行動は、「保母の指示→子どもたちがその指示に従う→太郎が周囲の子どもたちの行動を見て模倣する」という経路で成立することが多かった。この頃、大変興味深い現象が観察された。

《エピソード2》

給食場面。太郎は、小さい頃から偏食がひどかった。特に、野菜やくだもの類は絶対に口にしなかった。専門機関において食事訓練を受けたこともあるが、有効な効果は得られなかった。給食時、保母がしばしば個人的に食事指導をしていたが、それまでは効果はなかった。

その日、給食でみかんが出た。いつものように保母は太郎と向かい合って食事指導をしていた。結果はいつもと同じだった。保母はあきらめて他の子の世話に立った。

太郎の隣に女の子が座っていた。その女の子は保母の真似をして、みかんをひとふさ太郎に差し出しながら「太郎君、はい！」と言った。

すると太郎はそのみかんを女の子の手から取るとあっという間に口に入れ、特に表情を変えることなく飲み込んでしまった。

「楽しく食べる」ことが食事の本質であることを考えれば当然とも言えることではあるが、この場面では保母の意図的な食事指導よりも、お友達との「情動共有」とも言えるような状況が嫌いなみかんを食べるのには有効であった。さらに、このエピソードにおいては、太郎にとっての「モデル」は保母というよりはむしろ周囲の子どもたちのほうである。情報伝達という観点から捉えれば、この時期の太郎にとっては、保母からの直接的な伝達よりも子ども集団を介しての伝達の方が有効な場面を多く観察した。

その後一年経過した秋頃（年長児クラス）に観察されたのが、本章の最初に紹介した「太鼓踊り」での事件である。運動会の出し物である「太鼓踊り」の練習場面で、太郎は練習初日であるにもかかわらずとても上手に踊っていたが、その視線は見本を示している保母に対してよりは周囲の子どもたちのほうに向くことが多かった。

このとき私は、「もし保母さんとの個人指導という形態で踊りの指導を受けたとしたならば、太郎はもっと上手に踊れるようになるのだろうか？」という疑問を持った。この練習に対する保母の意図は明らかに「太鼓踊りをうまく踊れるようになる」というものであるが、この時期の太郎にとっては単に「皆と同じことをする」という意味しかなく、したがってその視線も周囲の子どもたちの方に向くことが多いことが観察された。この時期の太郎に対し、もし個人指導場面を設定したならば、太郎の意図することは、「太鼓踊りをうまく踊れるようになる」ということよりはむしろ「保母の指示に従う」ことと予想される。つまり、その時点の太郎にとっての踊りの練習は、子どもたちと一緒に練習するにせよ、保母との個人指導にせよ、「太鼓踊りを上手に踊る」という意味は持っていない。結果的にそのでき映えは、「皆と同じことをしたい」と思ってする子どもたちとの練習場面と「保母の指示に従う」という意味を持って行う個人指導とではどちらが太郎にとって効果的な意味を持ちうるかで決まってくるだろう。そして、この時期の太郎にとっては、前者の方が有効であると考えられた。

世界の拡大としての「発達」

さらに五カ月を経過した卒園まぎわには保母との関係も著しく進み、保母からの指示もスムーズに通るようになってきたことが、インタビューや観察からうかがわれる。つまりこの時期は、太郎に対しての個人的な指示が比較的有効に伝わるようになった時期である。保母に対するインタビューでも、「指示が通るようになった」とか「お兄さんになったと感ずる」という印象を持っていることが明らかになった。以前の太郎の行動が「皆と同じことをする」というような意味が強かったのに対し、この時期には、保母の意図することが少しずつ太郎にも理解できてきたことが考えられる。

このように考えてくると、子どもの発達を意図した「指導」に対する常識的な考え方も変更せざるを得なくなってくる。つまり、太郎が踊りを踊れるようになったのは、保母や子どもたちが示す「モデル」といういわばひとつの「情報」が太郎に伝わったことによるのだ、と単純には考えられなくなってしまう。ここで重要なのは、太郎がその「モデル」に対しどのような「意味」を持つのかということである。換言すれば、太郎が「モデル」に対してどのような「接近」を行うかが重要になってくる。なぜならば、太郎がどのように「モデル」に「接近」するかによって、その「モデル」から太郎が得る「意味」は異なってくると考えられるからである。

このような観点からみれば、例えば太郎にとっての「発達」を、その「接近」がどのような状況においてもスムーズになること、つまり「世界」の拡大と捉えることも可能である。例えば、太鼓踊りの指導場面においての太郎にとっての「発達」とは、「大勢の子どもたちの中」でも「個人指導」でも同じ「世界」を読み取り、同じ「意味」づけが可能になることと考えられる。太郎が「太鼓踊りを上手に踊りたい」と思い、そのための練習の場として「大勢の子どもたちの中」も「個人指導」も同様の「意味」を持つ「世界」として捉えることができるようになることこそ、太郎にとっての「発達」と考えられる。

このような「発達」観は、従来の「できることが多くなる」や「知識の蓄積が進む」というものとは全く異なった考え方の枠組みを持つことになる。さらに、このように「発達」を考えていくと、「発達」を促そうとした場合、「どのように働きかけるか」や「何をどう教えるか」だけを考えればよいということは言えなくなる。対象（例えば「モデル」）と子どもがそれに対しどのような「意味」を見いだすかの両者を、相互作用として考えていかなければならない。

「教え込み型の教育」と「しみ込み型の学び」

さて次に、太郎の「太鼓踊り」に関して、その「学び」のメカニズムを考えてみたい。保母は、太鼓踊りを上手に踊れるように、「体の動かし方」「手の動かし方」「足の動かし方」の一挙手一投足を、ひとつひとつ丁寧に教えることが可能である。これは第五章、第七章で検討した「教え込み型の教育」に当たる。「学ぶ力の低い太郎に対しては、ひとつひとつ丁寧に教えることが大切である」と考えることもできる。ひとつひとつ丁寧に教えることによって、太郎はひとつひとつの「体の動かし方」「手の動かし方」「足の動かし方」……を学んでいく、と考えることは従来の常識である。このことは、言葉や様々な知識の学習についても同様である。簡単なことから複雑で難しいことへ、ひとつひとつスモール・ステップで系統的に教えていきましょう。そうすれば、障害があるとしても、最終的には言葉や様々な知識の学習が可能になります。これまでは、このように考えられてきた。そして、この常識は、障害児教育だけでなく一般の教育現場でも広く受け入れられている。

しかし、検討の視点を「どのように教えるか」ということから「太郎自らがどのように学ぶのか」ということへ移してみると、事情は全く変わってくる。そこでは、子ども集団という「共同体」の一員としての太郎という側面が浮き上がってくる。そして、その中で学ぶ太郎の生き生きとした姿が見えてくる。

子ども集団という「共同体」には、それ独特の世界がある。第四章で紹介したレイブらの「正統的周辺参加」の考え方に従えば、太郎にとって子ども集団は「同じ子ども同士のひとつの営み」という意味において「正統的」であり、多少間違ってもみんなの中では大事には至らないという意味で「周辺的」であり、そしてなによりも、その共同体に「参加」しているという実感がある。つまり、大勢の子どもたちの中で「太鼓踊り」を学ぶということは太郎にとって、「状況に埋め込まれた学習」そのものなのである。

ただし、太郎の学習がレイブらが研究対象とした徒弟制度における学習と決定的に異なるのは、徒弟がその共同体の中で「学びたい」と強く思っているのに対して、太郎の場合はそのような気持ちはないか、あるいはもしあったとしても確認できないという点である。大勢の子どもたちの中で太郎が「太鼓踊り」を学んでいるとき、そこにあるのは、「楽しい」と思っている個々で構成された「子ども集団」という共同体と、やはり「その場にいて楽しい」と感じている学習者としての太郎である。いわば、そこにはコミュニケーションが成立している状況がある。つまり、レイブらが主張する「状況に埋め込まれた学習」は、学習者が「学びたい」と強く思っていない場合にも成立することが、この事実からも明らかになる。この場合、共同体と学習者とを結びつけるのは「師匠は教えたいと思い、徒弟は学びたいと思う」という関係ではなく、「ともに自分が楽しい」という関係である。そしてそれは、あくまでも双方の「関係」があってはじめて成立するものである。

もうひとつ気になる問題は、コミュニケーション能力の低い太郎が、子ども集団の中で、はたして有効な「学び」ができるのだろうか、という疑問である。「そもそもコミュニケーションが苦手なのだから、共同体の中では何も学ぶことはできない」という批判も予想される。しかし、ここでもやはり重要なのは、太郎が子ども集団という共同体の中で「楽しい」という気持ちを持っているか否かである。換言すれば、共同体の中の一員として「楽しい」という気持ちを持っていれば、その中で「学ぼう」という気持ちがなくても「学び」は生じうるということである。したがって、太郎のようなコミュニケーション能力の低い学習者ほど、人間関係などの条件の整った共同体、つまりよいコミュニケーションが成立している共同体の存在が重要となる。

結局は、コミュニケーションの苦手な子どもたちも、よいコミュニケーションが成立している共同体の中でしか学ぶことはできない。そして、その中で行われる「状況に埋め込まれた学習」が重要なのであり、このような環境こそ「しみ込み型の学び」が成り立つための条件なのである。

「しみ込み型の学びモデル」作成の試み

太郎が保育園に入園してから二年間にわたり観察を継続したが、太郎が「自ら学ぶ力」を獲得していく過程は次の三つの要素が大きく関わっていると考えられた。

1　情動共有がもたらした行動の共振
2　情動共有を土台としたスムーズな情報伝達
3　「世界」の拡大という意味での「発達」

さらに、これらの三つの要素を図にすると、図9-1のようになる。

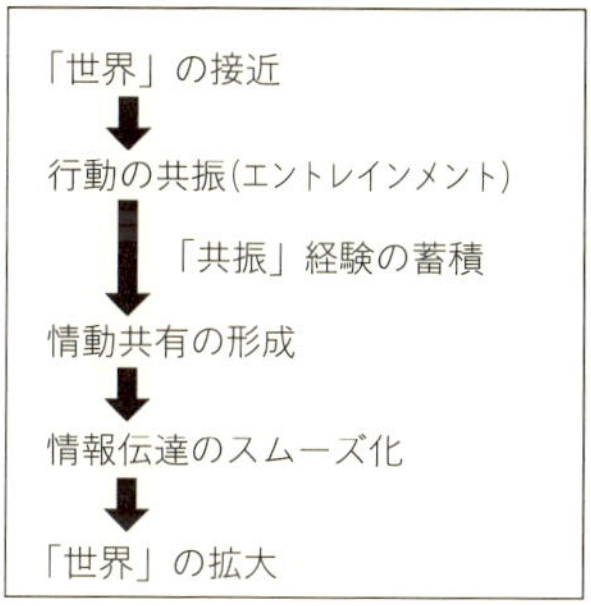

図9-1　2年間における発達の様相

さて次に、以上のような二年間の観察・検討結果からひとつのモデル作成を試み、太郎が「自ら学ぶ力」を獲得していく過程のメカニズムを明らかにしたいと思う。ここでは、このモデルを「しみ込み型の学びモデル」と呼ぶことにする。

まず最初に、ここでは従来考えられてきたモデルとは根本的に

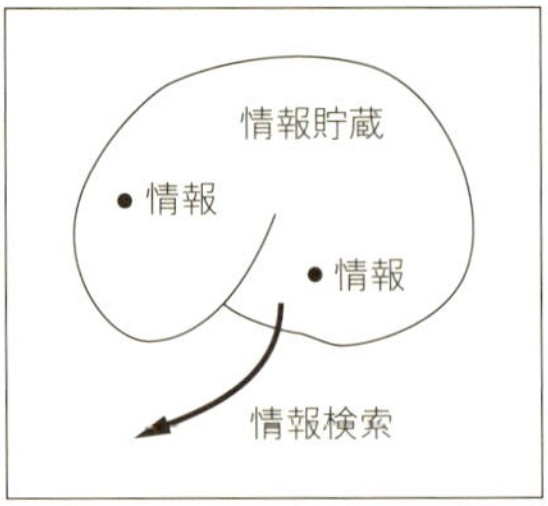

図9-2　従来の「学び」モデル

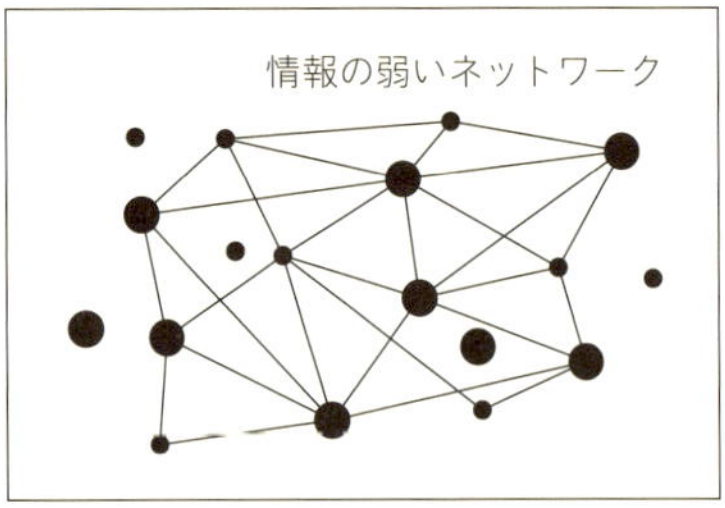

図9-3　本モデルの前提

異なる前提がある。つまり、これまで一般的に考えられてきた「学び」のモデルは、「脳の中に情報が蓄えられている」という前提のもとに設定されている。そこでは、知識や能力が増えていくということは、脳の中に新たな情報が蓄積され、その全体量が増えていくことである。そして、その情報は、必要に応じて検索され取り出されることによって利用される。このようなモデルを前提とすれば、子どもたちに対してなすべきことは、ひとつひとつの情報を確実に脳の中にインプットし、その情報量を増やしてあげること、そしてその蓄えた情報を必要なときに検索し取り出せるようにしてあげることである（図9-2）。

それに対してここで提案する「学び」のモデルは、情報は脳の中に存在するとは限らないことを前提としている。本書でこれまで提唱してきたように、情報あるいは知識（あるいは「知」）は、身体と環境や状況との相互作用によって生じるものである。まずそのことを確認した上で、あえて図示するとすれば図9-3のように表現できる。ここでは、情報はバラバラに存在するのではなく、「情報のネットワーク」として存在する（このモデルでは便宜上、ひとつひとつの情報をひとつひとつの点（エージェント）として表現している）。そして、このモデルの最大の特徴は、「そのネットワークの結びつきは弱いものである」ということである。換言すれば、その結びつきは固定されたものではなく、様々柔軟に変化する。つまり、各々のエージェントは、その状況によって様々な結びつきが可能である。

さらに、本モデルでは、「日常」というものが「あいまいで複雑である」ということを前提としている。「あいまいで複雑である」ということを認知科学的に換言すれば、「膨大な（無限とも言えるほどの）量の情報が存在している」ということであり、したがって「日常」で生活していくためには「膨大な（無限とも言えるほどの）量の情報処理が必要である」ということもまた前提としている。このような前提を持つモデルの最大の特徴は、未知の情報に出会ったとき、その情報をも有効に利用できるという点にある。逆説的に言えば、このネットワークという特徴をうまく利用すれば、必ずしも膨大な情報をすべて考慮に入れ処理しなくとも「日常」の中で何とかうまくやっていけるということを意味する。

▨「しみ込み型の学び」と情報ネットワーク

さて、太郎が子ども集団の中に入ったことにより、まず始めに現れてきた変化は「情動共有がもたらした行動の共振」であった。つまり、まだ子ども集団の中に入り一緒に遊ぶことはできないでいたが、子ども集団の近くで同じような動作や遊びをひとりで行っている様子が観察できた。その

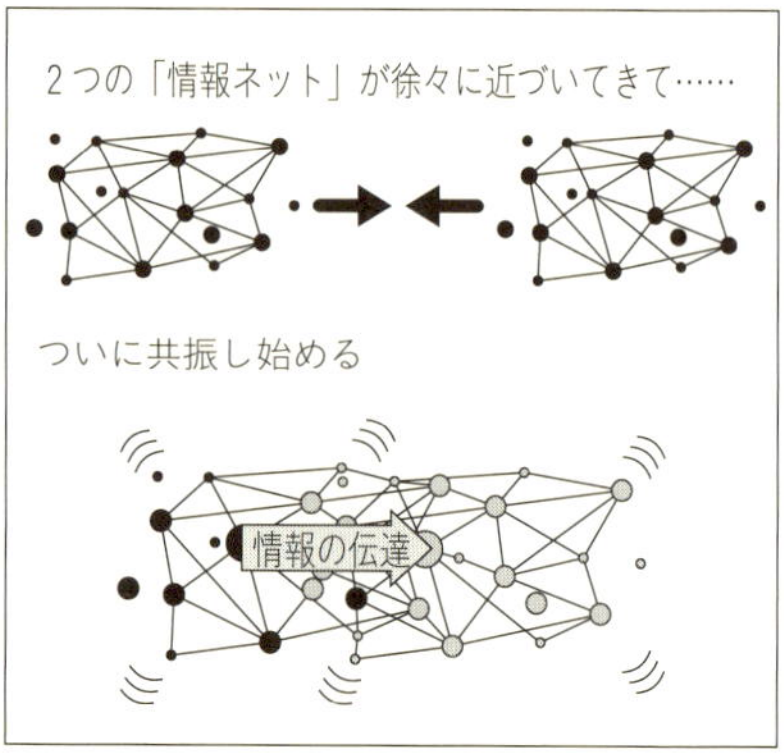
2つの「情報ネット」が徐々に近づいてきて……
ついに共振し始める
情報の伝達

図9-4　しみ込み型の学びモデル

後、そのような出来事が頻繁に観察されるようになり、入園五カ月後にはどうしても口にすることができなかった果物をスムーズに食べることができるようになった。さらに一年後には、太鼓踊りの練習場面でも予想をはるかに超えるほどの自然な態度で集団に参加できていた。

このような状態をモデルで示すと、図9-4のようになる。左の情報ネットワークは、個々人の情報ネットワークと捉えることもできるし、また子ども集団が持つ情報ネットワークととらえてもよい（後者の場合には、もっと複雑なネットワークの図になるが）。右は、太郎自身の情報ネットワークを表している。太郎は個々の子どもと、あるいは子ども集団と毎日「場」を同じくし同じ活動をすることにより、双方の情報ネットワークは徐々に近づいてくる。そして、ある一定の距離まで近づいたときお互いの情報ネットワークは共振し始める。つまり、お互いのネットワークが同周期で活性化し始める。それに伴い、一方のネットワーク内に存在していた情報が他方に伝達される。この伝達は、お互いのネットワークがぴったりと共振しているほどスムーズに行われる。このようなメカニズムで生じる情報の伝達こそ、太郎にとっては「しみ込み型の学び」が成立している状態ということになる。

さてこれまでの検討では、太鼓踊りをひとつの例として取り上げ、太郎にとっての「発達」を、「大勢の子どもたちの中」でも「個人指導」でも同じ「世界」を読み取り、同じ「意味」づけが可能になることであると考えた。つまり、「個人指導でも子どもたちの中での練習でも、同じ踊りの練習であるという意味を理解できるようになること」こそが太郎にとっての発達と考えた。このことをモデルで考えれば、発達とはネットワークの拡大であると表現することができる（図9-5）。つまり、「太鼓踊り」というひとつの情報に対して様々な情報ネットワークがつながっていくこと、つまり「世界が広がっていくこと」こそ「発達である」と考えられる。

さてここまで、子ども集団の中に参加した太郎が、集団の中でどのように学んできたかということをひとつの例にとり、「しみ込み型の学びモデル」を検討してきた。最終章となる次章では、自閉症児・晋平に対する一五年間の実践を振り返ることによって、これまでの議論を確認したい。

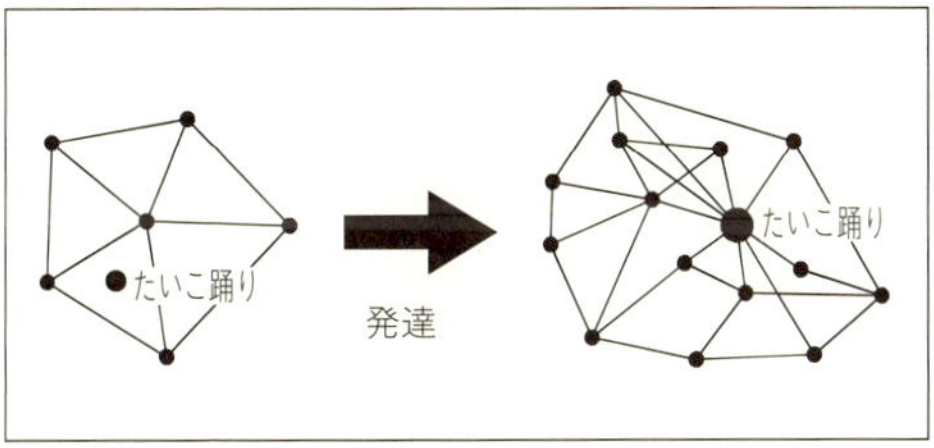

図9-5　発達とは「情報ネットワーク」の拡大

第一〇章　自閉症児・晋平との一五年

ふたりの自閉症児・晋平

今、私の頭の中にはふたりの晋平がいる。ひとりは、奇声を上げながら意味もなく一時も休むことなく部屋の中を走り回っている四歳の晋平。そしてもうひとりは、私のところをちらっと盗み見て悪戯をしようとしている二〇歳になった愛想のよい晋平。

もちろん、どちらも同じ晋平には違いないのだが、その姿は全く別人のようである。正直のところ私は、晋平がこのようにすくすく育つとは予想できなかった。多くの自閉症と呼ばれる子どもたちを見てきた私にとって、その成長はそれほど甘いものではないという経験がある。まして晋平は、非常に重度の自閉症。人とのコミュニケーションがとても苦手である。

そんな晋平だったから、私は晋平の母親に対し、いつも少し厳しすぎることを言ってきたかもしれない。

「将来も人とコミュニケーションすることは無理かもしれません。ひょっとすると、お母さんのことを認識することすらできないかも……」

しかし、今、私の目の前にいる晋平は、お母さんが疲れた顔をしているとそっとコーヒーを入れてくれる青年である。そして、ちょっと悪戯好きなユーモアを理解する青年に成長した。

私が晋平との関わりを始めてから一五年経過するが、それは私にとってひとつの「実験」だった。つまり、晋平と関わり始めた頃、私はひとつの仮説を持っていた。

《晋平にとって必要なのは、ひとつひとつ丁寧に指導を重ねることではなく、様々な経験や様々な人々とのコミュニケーションを通して「自ら学ぶ力」を獲得することである。》

「教育の専門家である私や母親が主導権を握り、ひとつひとつ丁寧に系統的に訓練をするによって晋平のできることを増やしていく」という従来の常識的な教育や育児を選択しないという決断は、私にとっても晋平の母親にとっても簡単なことではなかった。しかし、このようなやり方では、大人の言うことを忠実に間違いなく遂行する鉄人28号のようなロボット人間に晋平を育てることはできたとしても、自分の意志を持ち、自分で判断し、自分で行動を起こす鉄腕アトムのような人間には成長しないのではないだろうか、そのような気持ちが私と母親にはあった。話し合いの上、これまで「常識」とされてきた教育や育児には背を向けることにした。

そして、一五年が経過した。コミュニケーションが大の苦手だった自閉症児・晋平は、皆に好かれる青年に成長した。まだまだ、完全に社会に適応しているとは決して言えないが、社会の中で「何とかうまくやっていく」ことはできそうである。現在、ボランティアの人々に支えられながら、障害を持った数名の仲間たちとともにコーヒーショップをかねた軽作業所で働いている。表通りに面したコーヒーショップの壁には晋平たちが描いた個性的な絵画がかけられ、気に入った客が買っていくこともあるという。

このような自閉症児・晋平との一五年間を振り返ると、私や母親、そして家族や周りの人々が彼に対して行ってきたのは、決して「知識を増やす」とか「できることを増やす」ではないことに気づく。私たちが晋平に対して行ってきたのは、「晋平自らが学ぶための力を身につける」のを支援することである。つまり、私たちが行ってきたのは「教え込み型の教育」ではなく、「しみ込み型の学び」が生まれる環境や状況を晋平に用意することである。その結果、晋平は、自閉症にとっては最も苦手とされるあいまいで複雑な我々が生きているこの日常の中で、何とか上手くやっていく力を身につけることができた。

本章では、晋平との一五年間を振り返ることにより、「しみ込み型の学び」が生まれる「現場」というものを詳しく検討してみたい(渡部　一九九八a、二〇〇一b、二〇〇四)。

▨自閉症児・晋平の幼い頃

本書の「はじめに」でも簡単に紹介したが、ここで改めて晋平を紹介しよう。晋平は現在二〇歳になったが、私が出会ったのは彼が四歳の時である。私が出会ったとき、彼はすでに医者から「自閉症」という診断を受けていたが、「とにかく動きの激しい子ども」であった。五秒としてじっとしていることはなく、少しでも目を離すとどこかへ行ってしまう。街に出るときにはいつも、母親はしっかりと晋平の手を握りしめ、ところかまわず発する奇声に周りを気にしながら、おどおどしていたという。

自分からの発話は、全くない。また、何も話さないだけではなく、大人の言うことも全く理解できていないと判断できた。小さい頃は他の人と視線が合うことも全くなく、母親のことも「お母さん」だとは思っていなかった。母親は、育児日記に「私をタンスのように思っている」と書いている。晋平にとっては母親もタンスも自分とは関係ないもの、あるいは「じゃまなもの」であると母親は感じていたようだ。

好き嫌いも激しく、保育園の頃には、ふりかけご飯とチョコレートなどのお菓子以外はいっさい口にすることはなかった。

また、自分の周りの事柄が変化することを異常にいやがる。例えば、保育園に行くときには同じ道順にこだわる。いつも通っている道がたまたま工事で通行禁止になっていたときなど、別の道を通って保育園に行くのに大変苦労したと母親は当時を振り返る。家の中では、椅子やテーブルの位置などにも異常にこだわり、それが一センチでもずれていると必死になって直そうとした。
顔は無表情で、ひとりで砂あそびや水あそびをすることが多く、またブロック、ミニカー、電車などを一列に並べて遊ぶという、まさに「自閉症」特有の症状を全部と言っていいほど持っていた。また三歳頃から、数字やアルファベット、特に自動車のナンバープレートに対する固執が始まる。

このように、私が出会ったときにはすでに典型的な自閉症としての行動がみられた晋平であったが、生まれて間もない頃には特別な異常は認められなかったと母親は話す。一歳頃に「ママ」などの喃語を確認したことが、母親の育児日記には書いてある。またその頃には、普通に人と視線があったり、笑顔が見られた。しかし、一歳半頃から喃語が消えるとともに「全く言葉が出ないこと」に母親は気になり出す。育児相談なども受けるが「もう少し様子を見ましょう」と指導され、その指導に従い時間が経過していく。二歳になり、母親は「普通ではない」ことを確信するようになる。例えば、話しかけても全然反応はなく、「晋平」と呼んでもほとんど振り返らない。「ご飯、マンマよ」とか言っても無反応。それにもかかわらず、お茶碗のかちんと触れ合う音とか、スナック菓子のバサバサバサという袋の音がすると、遠くの部屋にいても飛んでくる。また、抱きしめると体を堅くし、決して抱き付いてはこない。ベビーカーに乗せて歩いているときなど一所懸命話しかけるが、振り返りもしない。一方、初夏に木の葉っぱが風でさわさわと揺れ、その間から太陽の光がキラキラ輝いているのを見て、ケラケラ笑う。母親は「これは絶対おかしい」と思って小児科を受診。そこで、「自閉症」と診断される。

その後、障害児のための母子通園施設に通園、父親の転勤のために引っ越し。私が勤務していた大学の障害児センターを訪れ、私と晋平が出会ったわけである。

母親は私と相談した結果、障害児のための訓練施設ではなく、普通の保育園に通うことを決断した。つまり、この時以来、大人から晋平への「教え込み型の教育」ではなく、晋平自身に「しみ込み型の学び」が生まれるような環境や状況を準備するという母親の努力が始まったのである（晋平の幼い頃の様子については、渡部（一九九八a、二〇〇一b）を参照していただければ幸いである）。

自ら学び始めた自閉症児・晋平

晋平自身に「しみ込み型の学び」が生まれるような環境や状況を準備することは、母親にとってそれほど簡単なことではなかった。誤解を恐れずに言えば、「○○訓練法」というすでに認められている訓練技法のマニュアルに沿って、教え込み型の訓練や指導、教育をする方が母親にとっても、また指導者にとってもずっと容易なはずである。また、「教え込み型の教育」では比較的短期間にその教育効果が現れるのに対し、「しみ込み型の学び」が表面からも観察できるようになるためには、それなりの時間を要する。しかし、晋平の母親は挫折することなく晋平に「しみ込み型の学び」が生まれるのを辛抱強く待った。

そして晋平に、目に見える変化が現れだしたのは、小学校に入学した頃からであった。障害児教育の常識から言えば、晋平ほどの重度の障害を持った子どもは、専門的な指導をしてくれる養護学校に入学する。しかし、母親は晋平を、多くの健常児がすぐ近くにいる普通小学校の特殊学級に入学させることを決心する。ここでも、専門的な「教え込み型の教育」ではなく、晋平自身に「しみ込み型の学び」が生まれるような環境や状況がより豊富にそろっている普通小学校の特殊学級を選択したわけである。

結果的に、その選択は正解であった。小学校に入った頃から母親を「自分の母親である」と認めるようになり、それまでの無表情から笑顔が出てきた。また、人の言うことも状況の中ではある程度理解できるようになってきた。そして、小学四年生の夏休み、晋平は自ら「指書」というコミュニケーション手段を使い始めたのである。母親は驚いてすぐに私に報告してくれたが、それはちょうど、こんな具合であった。

それは八月の最終日、今日で夏休みが終わり、明日から学校という日でした。

夕食を食べ終え、晋平、お姉ちゃん、そして私の三人が、お姉ちゃんの部屋でくつろいでいたときのことです。お姉ちゃんは、明日の学校の用意をしていました。私が何気なく「もう夏休みも終わりね」と言うと、晋平がランドセルのミニチュアを指さしました。それはお姉ちゃんのアクセサリーです。

「ああ、晋平も明日から学校だという気持ちを表現したいんだな」

そう思いましたが、特にそれに対して反応することもなく、ただボーッとしていました。お姉ちゃんも、晋平が指さしたことに気づいたのか気づかなかったのかわかりません。

するとと晋平は、突然私の手を取ると手を開かせ、手のひらに「がっこう」と指で書きました。そんなことはこれまで一度もなかったので、とても驚きました。

この事件をきっかけにして、晋平は自己表現の手段として「指書」を使い始めた。指書が出現し始めた当初、最も頻繁に出現するのは母親に対してであり、それは学校から帰ってきた後のゆったりした時間に多くみられた。晋平は母親の手を引っ張り自分のところに寄せ、その手のひらにひとさし指で書く。もし間違って修正したいときには、手でごみを払うように手のひらをなでる。この行為は頻発し、書いては消しまた書くことが頻繁に行われる。

非常に興味深いのは、その「書き順」である。指書の書き順は、ほとんどの場合正しくない。全くでたらめといった感じである。ところが、学校の授業中行う書字や宿題のプリントで書く文字はほとんどの場合、正しかった。つまり、晋平にとって、コミニュケーション手段としての文字（つまり、指書）と、お勉強としての書字では、たとえ同じ文字であったとしても、全く異なった意味を持つと考えられた。

指書が出現し始めた八月下旬から一二月までの約三カ月の間に母親は三〇以上の単語を確認している。例えば、何かがほしいとき（要求）の指書としては、「ピザ」「カカオ（カカオの実というお菓子)」「オムライス」「ごはん」「さっぽろポテト」「ドーナッツ」「チキン」などが出現した。また、何かをしてほしいときの指書としては、「せっけん(手を洗いに一緒に来てほしいとき)」「くるま(車に乗りたいとき)」「レンジ(以降のエピソード1参照)」などが見られた。さらに、何かを伝えたいときの指書としては、「は(歯が痛いとき)」「ふとん(ベッドに行くことを告げるとき)」「ランドセル(明日学校があるかどうか尋ねるとき)」「あし(スケートをした後、靴を脱ぐとき)」などが見られた。その他にも、「かっぱぁーず(晋平の好きなスポーツクラブの名前)」「みつば(晋平の好きなお菓子屋の名前)」「め(母親のコンタクトレンズのケースを指さして)」「スパゲッティー(エピソード2参照)」などが出現した。

《エピソード1》

晋平は好物のラザニアを冷蔵庫から取り出し、母親のところに持ってきた。そして、母親の手を取り指書を開始。母親は「ラザニア」と指書するものと予想していたが、「レンジ」と指書。母親は、大変驚いたと言う。

《エピソード2》

その日の夕食はスパゲッティーだった。晋平はそれを知ると、本棚から「あいうえお辞典」を取り出しスパゲッティーの項目を引き、その書き方を確認。改めて母親に対し「スパゲッティー」と指書。

▨「指書」出現その後

八月下旬に初めて指書が出現してからしばらくは、三日に一回ほどの頻度で指書は出現した。しかし、徐々にその数および頻度が増加していく。一一月、初めて学校において、先生に向かって「トイレ」と指書が出現する。初めて指書が出現してから三カ月後の一二月には三〇単語以上の指書が出現し、その頻度も一日に四、五回から十数回に増加した。さらに、母親だけでなく姉および

図 10-1　母親に「指書」する晋平（10 歳の頃）

祖母に対しても指書が出現するようになり、学校でも教師に対する指書が増加していく。この頃の教師からの連絡帳には、コミュニケーション改善の様子が記載されている。例えば、「この頃、「トイレに行く」という意味での「トイレ」の指書が定着しました」などの記載が見られる。

次の年の一月には「おやすみ」などの挨拶の指書が出現。初めての指書出現から六カ月経過した一九九五年二月には指書の数が一〇〇単語を超え、指書が日常生活に定着したと考えられた。この頃、テレビのおもしろい場面で声を出して笑うようになってくる。母親によれば、そのようなことは「今までにはなかったこと」と言う。四月頃から、これまでほとんど興味を示さなかった漢字単語に対して興味を持ち始め、漢字絵本や漢字

辞書に熱中する。母親に対し、漢字の音読を求める行為が見られるようになる。また、自分で漢字を調べるという行為が頻繁に出現するようになってくる。

四月には二単語続けて指書が出現する。例えば、姉がお風呂に入っているとき母親に対し、「しゅうこ（姉の名前）」「おふろ」という指書が出現。私とともに家庭を訪問した初めて会う学生に対しても指書が出現。五月になると形容詞（「小さく」「おおきな」）、動詞（「行く」）、助詞（「つみ木で」）、感情語（「すき」）の指書が出現するといった品詞の拡大が観察された。

ところで、私は一時「指書を筆談（書字）に発展させるために指導しよう」と考えたことがあり、意識的に晋平に対し筆談を求めたことがある。しかし、晋平はそれを強力に拒絶した。また母親も、「はっきりとした理由はわからないけど、晋平にとって、指書と筆談とは全く意味が違うように感じます」とコメント。そこで、私はしばらくのあいだ様子を見ることにした。ところが今回もまた、その問題は晋平自身が解決してくれた。晋平自身が自主的に筆談を開始したのである。それは、次のような場面であった。

晋平は、祖母に何か伝えたいことがあったようだ。そこで、祖母の手を取ると手のひらに指書を始めた。ところが、祖母は、なかなかそれを読みとることができない。晋平の書き順は全くいい加減なものだから仕方がない。しばらくすると、晋平もイライラしてきた。突然、晋平はその場から立ち去ると、まもなく戻ってきた。そして、その手には紙とボールペンが握られていたのである。電話の脇に置いてあったメモ用紙とボールペンを持ってきたのだった。この時以来、筆談がコミュニケーション手段として使用されるようになったのである。

（渡部　一九九八a、二〇〇一b）

その後の晋平の成長は、それまで多くの自閉症児と接してきた私の予想をはるかに超えるものであった。高校時代には、「相手の気持ちを察したうえで自分の行動を決定する」という高度なコミュニケーションも可能になった。また、小学校から好んで描いていた絵画もかなり上達し、高校一年生からは毎年、小さな個展を開いている。そして、現在はボランティアの人々に支えられながら、障害を持った数名の仲間たちとともにコーヒーショップをかねた軽作業所で働いている。

図 10-2　自分の作品の前で（15 歳の頃）

　このような自閉症児・晋平との一五年間の経験を通して感じるのは、大人から晋平への「教え込み型の教育」ではなく、晋平自身の「しみ込み型の学び」を最優先にしながら晋平と関わってきて本当に良かったということである。確かに、専門的な訓練・指導に代表されるような「教え込み型の教育」の効果は比較的短時間で現れる。それに対し、晋平が「しみ込み型の学び」を獲得し、その効果が表面に現れてくるまでにはある程度の時間を要する。しかし、自ら学ぶ力を獲得した晋平の成長は、私の予想をはるかに超えるものであった。「教え込み型の教育」によって獲得した知識や能力には一般にあまり広がりを感じないが、自ら獲得した「学ぶ力」の広がりには目を見張るものがある。今後も晋平の成長が、楽しみである。

▨母親は晋平とどのように関わってきたか

さてそれでは、晋平はどのように育てられてきたのだろうか？　晋平に「しみ込み型の学び」が生まれる環境や状況とは、具体的にどのようなものだったのか？　この点について、もう少し詳しく、そして慎重に母親の言葉から探っていきたい（母親の言葉は、渡部（一九九八a、二〇〇四）で行ったインタビューの記録から引用した）。

■私は決して愛情薄い親じゃないと思うんですけど、「愛情を注ぐ対象がいない」、「ここにいるのにいない」という感じ。だって、例えば買い物なんかに行くときにも、街の中で一所懸命話しかけますよね。「晋平トラックが通ってるよ」とか「飛行機が飛んでるよ」「今日は空がきれいねー」とか……何っにも反応してくれないんですよ。「トラックよー！」って言っても全く違う方を向いている。もともと私、子どもに話しかけるの得意じゃないんで、努力して一所懸命しゃべるのに何にも……反応しないだけならまだしも……嫌がる。

自閉症児のほとんどは、幼いとき、母子関係が上手くとれない。その結果、「子どもをかわいいと感じることができない」という母親の悩みをときどき耳にすることになる。

■何とかして普通の子どもと同じように育ってほしい」ということばかり考え、病院や訓練施設がよいに努力してきました。……中略……食べない、のまない、ふとらない、このことばかり気になって、「かわいい」とか思って見つめている時間がありませんでした。(晋平の友人であるまなみ（仮名）の母親の言葉)

最近、障害のない子どもに対する子育てにおいても、母親が我が子に対して「かわいい」と感じることができないという事例が増えており、大きな社会問題となっている。そのような場合、母親の気持ちが直接子どもに伝わり、母子関係が悪循環する場合も多い。

しかしながら、晋平の母親は、そのような感情とは異なった気持ちを持っていたという。

■……前略（病院で自閉症の告知を受けた後）……「ああ、この子はやっぱり障害児だったんだ」っていうのですごいショックだった。でも、もうひとつそれとも全く違う気持ちも私の気持ちの中に生まれた。つまり、「私がこの子を障害児だと思えば障害児なんだ」って。もちろん障害児ということは確かだったんでしょうけど、「私がこの子をどう見るかで全然違うんだ」って。

まあその時はそこまで論理的には考えなかったんだけど、何かすごいショックなのと、もうひとつ何か「違う見方」って言ったら変だけど、「違うとらえ方」って言うのか。……中略……そして、そういう見方が少しでも自分の中に生まれると……例えば、いろいろ本とか読んでいても「全部障害児関係の本って障害児を前提として書いてある」ということがなぜかとても気になりだしてきたんです。「障害を軽くするために」とか、「障害を治すために」とか。何かこう、「違うぞ、違うぞ……」って感じがしてきた。それが、今思うと私の考え方の最初のきっかけのひとつだったかもしれません。

▨何かが「できるようになる」ということ

一般に「教育」では、何かが「できるようになる」ことをひとつの重要な目的としてきた。しかし、晋平の母親は、何かが「できるようになる」ことを従来とは少し異なった観点からとらえている。例えば、インタビューの中で、以下のような表現が認められる。

■まあ、みんな、「自分の子どものため」とか、先生だったら「子どもたちのために……」っていうのには間違いないんでしょうけど。だけど、その「できること」と「したいこと」っていうのは全然違うと思うんですよね。……中略……「できること」が増えるのはいいことだし、自信にもつながるし……でも私は、晋平たちのように障害を持っている子どもの場合、特に「したいこと」が増えるってことの方がうれしいことのような気がするんです。……中略……その「したいこと」が、例えば「お手伝い」であればお母さんにとってはうれしいことだけど、それが単なる「遊び」であったり「いたずら」であったりしても、自分の気持ちがいろんな束縛とかから外れて、そこに純粋に向かっていくってことの方が大事だと思う。……中略……そういういろんな「いたずら」とか、親がして欲しくないことだとかでも、「自分で自分の行動を起こしてる」っていうことがとても大切な気がするし、それを積んでいくことで「できること」っていうのは必ずあとからついてくる……晋平見ててそう思うんです。

■私は晋平が好きなものとか欲しがるもの、興味のあるものをことごとく与えてきたんです。「そこまでやらなくても……」っていうくらいどんどん与えたし、「何に興味があるのか、何を見たときににこっと笑うのか？」とかが、三歳から五歳くらいまでの私の最大の関心でした。そういう意味では、「自閉症にとって効果的な訓練」というものよりも……「晋平は何に関心を示すか」の方が私にとっては重大なことでした。だから、「水が好きだ」っていえば必死になって「プールだ」「公園の噴水だ」「海だ」ってつれていったし、「ひらがなパズルが好きそうだ」とわかれば、ひらがなのついたパズルは売ってるものはおよそ全部買い尽くしたって言ってもいいくらい買ったし、ひらがな関連の教材的な玩具はことごとく少々高かろうがなんだろうが買いました。本に強い固執を示した時期には本を何十冊も買って……「親バカ」って言われればそれまでなんですけど。

それでは、何かが「できるようになる」ためにはどのような関わりが必要なのだろうか？　換言すれば、どのようなメカニズムによって「できるようになる」のだろうか？

従来の「教育」の考え方では、個々の子どもの特性に合わせ教育目標を立てる。そして、その目標に到達するために、一歩一歩丁寧な働きかけを行う。それが、「指導」とか「訓練」と呼ばれる行為である。しかし、そのような常識的な考え方とは異なる「しみ込み型の学び」によって自ら学ぶ力を身につけ、その結果として「できるようになる」という考え方もある。そこでは、母子関係や友達関係（それは個人との関係もあるし子ども集団の中での関係もある）を大切にしながら日々をおくっているうちに「いつのまにかできるようになっている」「知らないうちにできるようになっている」という現象である。このような現象は、「心の通じ合いを大切にする」や「コミュニケーションを大切にする」と表現されることが多い。従来、「心の通じ合い」や「コミュニケーション」は教育の目標として設定されることが多かった。しかし、私は「心の通じ合いを大切にすること」や「コミュニケーションを大切にすること」によって、「しみ込み型の学び」が起こる環境や状況が生じ、そのような環境や状況の中で自ら学ぶ力を身につけ、結果として何かが「できるようになる」と考えている。

■山登りするときだって、「いろんなトラブルに巻き込まれていこう」ってそういうのあるでしょう？　アクシデントを楽しむっていったら変だけど。おもしろそうな岩場があって「そこを超えたらもっといい景色がありそうだから行ってみよう」とかってあるでしょう。トラブルを起こさないように起こさないように、じゃなくって、トラブルの中でいっぱい無駄足踏んだり試行錯誤したら、超えたときにもっと力が付いてたみたいなこと……晋平見てたらそういうことの方が多いんです。いっぱいこだわりがあって大変なんだけれども……周りからは「もっと早く抜けられる道を考えてやれば」って言われるんだけど、自分の力で二カ月三カ月して抜けられたときに開ける……指書がそうだったと私は思うから。「どんどんトラブルよ来い！」とまでは言わないけど。

そして実際に、晋平は一〇歳のとき、コミュニケーション手段としての指書を自ら獲得した。どのような要因が晋平に指書というコミュニケーション手段を獲得させたと考えるか、という私の質問に対し、母親は以下のように答えている。

■（指書出現の一年ほど前からしばしば観察されるようになった）「言葉遊び」から、言葉をコミュニケーションの手段に使うようになってきたってことだと思うんだけど……その理由はどうしてかは分からない。何かやっぱり、「遊び」を「遊び」としてやってきたからだと思うんですよね。

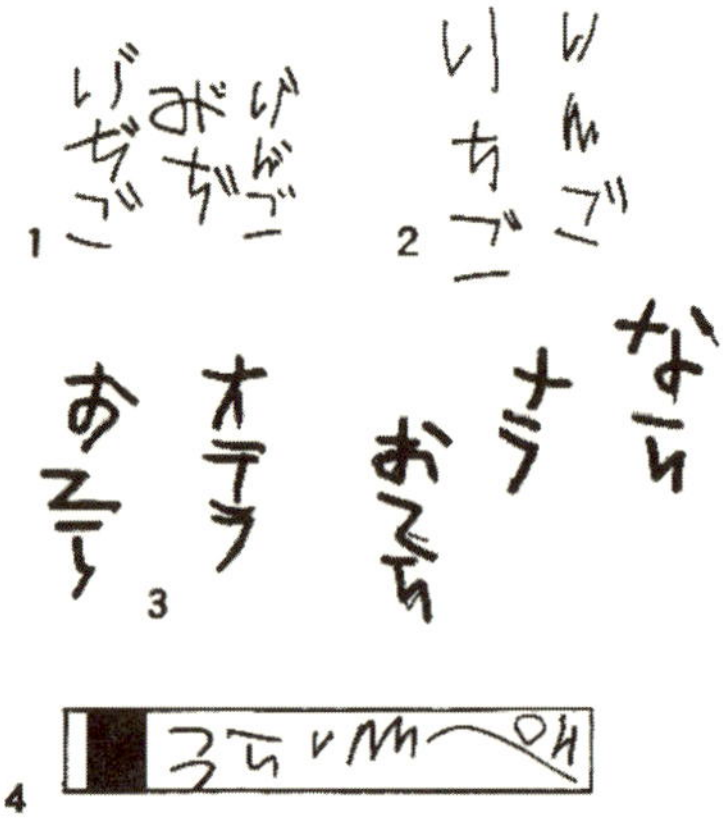

図 10-3　9歳の時に出現した「文字遊び」の例（渡部　1998 a、2001 b）

■二、三歳の頃の晋平は、彼の中でいろいろなことを全然楽しんでいませんでした。ですから、その時期はとにかく「今は晋平が何を楽しむのか、何に興味を持つのか」をわかることが第一だと思いました。晋平の表情が楽しく生き生きしている場面や、自分から積極的にやろうとしているものが何なのかを血まなこになって探しました。そしてそれを見つけたら、人に迷惑をかけない限り、いっさい禁止しないで気のすむまでやらせました。この頃の私にとっては、「自閉症にとって効果的な訓練」よりも「晋平は何に関心を示すか」の方が重大なことでした。とにかく興味があるわけですから、与えると何でも必死になってやります。好きなものを与えれば「むしゃぶりついて」喜んで取り組むので、自然と何でも覚えてしまいます。晋平が自分で興味をもって夢中になって取り組んだり喜んだりすることが、私にはすごく嬉しかったのです。喜んで取り組むことが、結果的に晋平の好奇心を満たすことになり、その結果、私への信頼へとつながったと思います。

■例えば、訓練をして「あいうえお」っていう音を出すとか、そりゃもちろん言葉出てくれたらすごい嬉しいし、有り難いんですけども……それを否定してるってことは全然ないんですよ。もちろんそれができるようになってほしいとは思うけど……でも、それって全部副産物だと思うんです。……中略……例えば、現に晋平は指書できるようになりましたけれど、字をかけるようになったっていうことも全部副産物だと思うんですよね。人との関わりとか、そういうことを身に付けていくってことの副産物。自分の中で自分一人で楽しむっていうんじゃなくて。

■今振り返ってみると、晋平自身が生き生きと「今これをやってそれがとても楽しんだ」「自分から興味を持ったことをすることで、自分で自分の行動を起こしている」という実感をたくさん持つことによって、いろいろな環境の変化など外からの働きかけを感じられるようになり、自分のいる環境についてもだんだん分かるようになってきたようです。そして、それが自分の中で「自分が生きていく」ということにつながり、結果的にいろいろなことができるようになったのだと思います。

▨母親の肩の力が抜けていないと、子どもの「学び」は生まれない

先に、母子関係が上手くとれない自閉症の子どもに対して、母親が「我が子なのにかわいいと感じない」と訴えることがあることを示した。このような母親の心理状態は子どもに直接伝わり、母

子関係が悪循環する場合も多い。第八章でも示したが、これまでの障害児教育にとって「一所懸命がんばる」ことはひとつの常識であった。

「一所懸命がんばって訓練しましょう。そうすれば、今は辛いかもしれませんが、子どもの障害も改善して後が楽になりますよ。」

このようなアドバイスが、専門家と呼ばれる人から障害児を我が子に持ったほとんどの母親に言われ続けてきた。

しかし私は、子どもの「学び」のメカニズムを考えると、このようなアドバイスが必ずしも正しいとは限らないと考えている。少なくとも「しみ込み型の学び」にとっては、母子ともに「一所懸命がんばる」のではなく、「肩の力をぬいて」が必要である。確かに、人間にとって、「がんばる」ことはひとつの大きな力を生み出すが、「肩の力を抜く」ことも、人間の力が発揮されるもうひとつの重要な側面であると考える。そのような意味で、晋平は「教え込み型の教育」を一所懸命受けてきたのではなく、「肩の力を抜く」ことにより「しみ込み型の学び」を獲得してきたのである。

■私にとってそして晋平にとって幸いだったのは、私が障害に対して無知だったということです。二歳を過ぎる頃まで、私は晋平を障害児だとは夢にも思っていませんでした。ただコミュニケーションをとるのがへたな子どもだと考えていましたので、何とか晋平とコミュニケーションをとろうということだけ一所懸命でした。もし始めから晋平が障害児だとわかっていたら、専門書を読みあさり、何ができないということばかり気にしていたと思います。また、訓練のことばかり気になってしまい、晋平とコミュニケーションをとることなど考える余裕もなかったと思います。

■一番よいのはその無意味なこだわりがなくなることですけども、自閉的な傾向としてそれが一〇〇パーセントなくなることは難しい。だから私は、困ったときに助けを求められたら十分じゃないかなって思います。もちろん自力ではいあがれれば一番いいんでしょうけども、でも逆に「今調子悪いんだよ」って伝えられるほうが、私は「ありがたいな」と思うんですよね。だから、「ちょっとヤバイからちょっと手貸して」って言えることが嬉しい。

■一番あの子を育ててきたなかで大事にってていうか、あえて目標といえばやっぱり、誰か、誰でもいいから人を好きになれる人間になってほしいって思うんです。……中略……人を好きになる人間になるために、まず自分自身が何であるかっていうことをわかって、自分自身を好きになってほしい。……中略……自分自身を好きになるってことは、すごく抽象的でわかりにくい言い方なんですけども、具体的に言えば、毎日の自分自身の生活とか自分自身が今していることとか自分自身がいる環境とか、そういうものに興味を持って愛情を持ってほしいっていうこと。そういうとこで、自分自身が「僕は今ここにいて楽しいな」とか「生きていて嬉しいなあ」とか、そういう感覚を持って……。

▨《丁寧な子育て》のすすめ

私は、「しみ込み型の学び」が生まれる環境や状況を子どもたちに準備し、自ら学ぶ力を育んでいくような子どもとの関わり方を《丁寧な子育て》と呼んでいる。《丁寧な子育て》は、たとえ障害があっても、日常の出来事をひとつひとつ大切に、そして丁寧に子育てに結びつけていきましょうということが基本となる。もちろん、晋平の母親も《丁寧な子育て》を実践してきた。

その《丁寧な子育て》には、ふたつのポイントがある。第一に、《丁寧な子育て》は、肩の力が抜けて心に余裕がある状態での子育てということができる。母親がゆったりとした気持ちで子どもに接したとき、《丁寧な子育て》が可能になる。つまり、母親の心に余裕があると、子ども自身が本当にしたいと思っていることが見えてくる。そして、好きなことをしている我が子と一緒になって、じっくりとつき合うことができるようになる。

逆に、子どもの障害が気になり「訓練」のことで頭の中がいっぱいなときは、《丁寧な子育て》が困難である。子どもの気持ちとは逆のことを強要してしまい、子どもがパニックを起こしてしまったということもよく聞く話である。こんな状態が続くと子どもとのコミュニケーションすらとることができず、ますますイライラして強い態度に出るといった悪循環に陥ることもめずらしくない。

　私が「この子は予想以上に成長したなあ」と感じる自閉症児の母親に共通していたことは、「心に余裕を持っている」ように見えるということである。晋平の母親のように始めから肩の力が抜けていたという母親もいれば、何らかの出来事がきっかけで心に余裕が生まれたという場合もある。そのきっかけは、一冊の本を読んだことだったり、子どもがふと見せた笑顔だったりと様々である。しかし、どの母親も、ふっと肩の力が抜けた瞬間、《丁寧な子育て》が可能になったと言う（渡部　二〇〇四）。心に余裕が出てくると、それまでの「何もできない我が子」という視点が「この子ってオモシロイ！」という視点に変わってきたという母親もいる。そのような母親の気持ちの変化は、子どもにダイレクトに伝わるはずである。

　第二に、《丁寧な子育て》は結果的に、子ども自らの「学ぶ力」を発達させる。自閉症という障害を持つということは、いわば異文化のなかで生きていることを意味する。お互い違ったものの見方をするもの同士がコミュニケーションしようとしても、それはなかなか困難なことである。そして、母親が無理矢理、自分の文化に子どもを引き入れようとしても、そう簡単には成功しない。しかし、母親が心に余裕を持つことにより、異文化コミュニケーションを楽しむことができるようになってくる。そして、お互い違ったものの見方をするもの同士が接点や共通項を見いだそうと歩み寄ると、ぼんやりとしたものであっても母親と子どもが共有する「文化」ができてくる。共有する「世界」といってもよいだろう。そのような「文化」あるいは「世界」こそまさに、子ども自らの

「学ぶ力」を育てる環境であるということができる。そのような中で子どもたちは、リアリティのある経験を積み重ねることにより、自らの「学ぶ力」を育てていくことが可能になるのである。

晋平は、重度の自閉症である。しかし私と母親は《丁寧な子育て》を方針として掲げ、「晋平自身の学びを大切にしながら」晋平を育ててきた。その結果、晋平は自ら、コミュニケーション手段としての指書の使用を始めた。さらに、指書から筆談（書字）を用いてのコミュニケーションに自ら発展させることができた。

重度の自閉症という障害を持って生まれた晋平ではあるが、《丁寧な子育て》の結果、晋平自身の「学び」が生まれたと考えている。家族の中で、そして子どもたちの中で生活することにより、晋平自身が人とのコミュニケーションを「楽しい」「心地よい」と感じることができるようになった。そのような「楽しい」「心地よい」と感じるコミュニケーションを行うなかで、母親から、姉から、そして子どもたちから晋平は様々なことを学んできたのだと考えている。逆に言えば、家族の一員として、そして子ども集団という共同体の一員として晋平が存在することによって、晋平には自らの「学び」が生じたのである。

例えば、指書出現の約一年前から、晋平は母親や姉と頻繁に「文字遊び」を行うようになった。晋平にとって「文字遊び」は、「楽しいコミュニケーション」であったことは確かである。言い換えれば、「文字遊び」は晋平にとって最高のコミュニケーションがなされている状況であり、その状況の中で晋平自身が「文字」をコミュニケーションに用いることを学び取ったと考えることができる。
「学び」に対して非常にデリケートな支援を必要とする自閉症の子どもたちにとって、「学ぶ」ということは私たち以上にずっと大変なことなのである。そのような彼らと長年つきあいながら「学び」というものについて考えてきた私には、簡単なことから複雑なことへ向かってひとつひとつ系統的に学ぶという方法は大きな弱点を持っているように感じられる。確かに、正確な知識がひとつひとつ確実に積み重なるかもしれないが、その知識が自然に広がりを見せることは少ない。ひとつひとつの知識がぽつぽつ切れていて、ネットワーク化しないのである。

障害を持っていても順調な発達を示している子どもたちを注意深く観察していると、教えないのにできるようになった、あるいはいつの間にかできるようになっていたということをしばしば経験する。これは、障害を持っていても彼らには「自ら学ぶ力」があることを証明していると同時に、本当の「学び」とは知識をひとつひとつ積み重ねていくことではなく、知識のネットワークを広げていくことであることを私たちに気づかせてくれる。

そして、「学び」に対して非常にデリケートな自閉症の子どもたちは、私たちが現在の高度情報化社会の中でどのように学んでいったらよいのかを端的に示してくれている。毎日毎日、最新の情報を蓄積して行くだけではダメなのである。その情報が自分にとってどのような意味を持ち、それが自分の生活にどのように役立つのか。あふれる情報の洪水の中で、自分にとってプラスになる情報だけを自分のものにすることこそが、本当の意味での「学び」なのである。

おわりに

高度情報化時代の今日、多くの人たちがコミュニケーション障害に陥り、大きなストレスを抱えている。日々の報道は悲惨な事件を伝え続け、特に犯罪の低年齢化が目に付く。盛んに教育改革が叫ばれているが、現在の日本社会を考えれば焼け石に水の感も否めない。

こんな危惧の証拠は、夕方から夜にかけてちょっと街を歩けばいくらでも目にすることができる。ダンボールにくるまるホームレスの脇で、ベタ座りしている若者達。中にはコンビニのカップラーメンで夕食をすませるものもいる。しかも、食べ終わった彼らは、スープが残っている器を道ばたに置いたままその場を立ち去る。周りには、スープの空袋や割り箸が散乱している。

その脇を塾帰りの小学生が足速に通る。右手には携帯電話、左手でファーストフード店で買ったハンバーガーを口の中に押し込む。すれ違った親子は、若いお母さんが赤い髪にへそだしスタイル。つれている三歳ほどの子どもは筋金入りのチャ髪。「速く歩きなさい」とせかす母親に、「トオツ」と蹴りを入れる子ども。そんな「ありふれた光景」を見ていると「やっぱり何かが根本的に間違っている」と、思わずにはいられない。

私が脳科学に興味を持って脳損傷の患者さんと日々接していた二〇年前の数年間は、単純に脳のことが解明されれば人間の知的活動に関する多くのことが解明できると信じていた。しかし、その後再び「自閉症」と呼ばれる子どもたちとつきあうようになって、私の考え方は根本から変わった。結論を言えば、人間は、そして特に子どもたちにとっては、脳に効率よく多くの正しいとされる知識を蓄積しただけでは何も成長しないのである。

このことは、ロボット工学も証明している。一九七〇年代まで「ロボットにさせたいことを、簡単なことから複雑なことへ系統的にひとつひとつプログラムする」という基本方針を持っていたロボット研究者が、「それでは人間に近づかない」と考え出したことを知ったとき、私は目の前が開ける思いがした。それは、一九八〇年代に起こったロボット開発の「行き詰まり」が原因であり、そのあと彼らはパラダイムシフトを経験する。

ロボット開発と全く同じような行き詰まりが、現在、子どもや若者の教育において起こっている。本書ではこの原因を、これまでの教育や「学び」の大原則、つまり「正しい知識を簡単なものから複雑なものへ、ひとつひとつ系統的に積み重ねていけば効果的な学習ができる」という基本的な考え方が間違っていたということに帰して検討してきた。

そろそろ教育や「学び」に関して、少し本質的なところから検討し直す時期にきているのかもしれない。これまでの常識を一旦白紙に戻した上で、改めて二一世紀の高度情報化時代における教育や「学び」を考えなければならない時期にきているのだろう。

ここで、この「おわりに」を読んでから本書を読み始めようとしている読者、あるいはこの「おわりに」を読んでから本書を読むか止めようか決断しようとしている読者のために、本書の特徴を簡単に紹介しておく。まず、本書では、二〇世紀の「学び」探求を振り返り検討することによって、二一世紀の「学び」探求の方向性を示すことを目的とする。その際、狭い意味での「学び」の心理学にとどまらず、ロボット開発における「学び」の視点、そして自閉症教育における「学び」の視点をも検討の視点として取り入れることにより検討の幅を広げていることが本書の特徴である。本書には、子どもたちの「学び」、人間の「学び」、自閉症児の「学び」、そしてロボットの「学び」における本質は全く同じであるという前提がある。しかし、自閉症児は「学び」に関して非常にデリケートであり、一般の「学び」探求では気づかないような貴重な知見が得られるというメリットがある。また、ロボット開発は、ともすれば様々な条件が複雑に絡み合い論理的な検討が難しい人間の「学び」探求に対し、論理的な検討を強く求めるという点でメリットがある。論理的な整合性を少しでも欠いただけで、ロボットは全く動かなくなってしまうのである。

以上のように本書では、ともすれば従来の狭い枠組みのなかでのみ検討を進めてしまいがちな人間の「学び」探求に対し、ロボットの「学び」という視点と自閉症児の「学び」という視点を取り入れることによって、二一世紀における「学び」探求の新しい方向性を探っていく。

本書は、これまで私がやってきた仕事の総括である。その意味で、これまで発表してきた書籍や論文を再掲載した箇所も多い。再掲載を許可していただいた出版社・編集者の方々に感謝するとともに、再掲載した箇所は可能な限りわかるように出典を示したので、さらに詳しく読みたい方は初出本をごらんいただければ幸いである。

本書は、(初出本の原稿を含めて考えると)実に多くの方々に読んでいただき、貴重なご意見をいただいた。特に、青山学院大学の佐伯胖先生、東北大学の菅井邦明先生、生田久美子先生、荒井克弘先生、東京学芸大学の藤野博先生には、超多忙の中、懇切丁寧な指導をいただいた。ここに記して感謝いたします。また、大修館書店編集部の金子貴さんには、企画の段階からいろいろとご支援いただいた。ありがとうございます。

二〇〇五年一一月

渡部信一

本田和子．1982．『異文化としての子供』東京：紀伊国屋書店．

松岡正剛（編）1994．『複雑性の海へ』東京：NTT 出版．

松原仁．1999．『鉄腕アトムは実現できるか？：ロボカップが切り拓く未来』東京：河出書房新社．

村井実．1983．『教育思想：発生とその展開』東京：東洋館出版社．

守一雄．1995．『記憶と知識』認知心理学講座 2．東京：岩波書店．

渡部信一．1997．「コミュニケーション障害児の普通児集団における発達メカニズムに対するひとつの仮説」『福岡教育大学障害児治療教育センター年報』10：89-93．

渡部信一．1998 a．『鉄腕アトムと晋平君：ロボット研究の進化と自閉症児の発達』京都：ミネルヴァ書房．

渡部信一．1998 b．「ヒューマン・コミュニケーション・ネットワーク・モデル 98：コミュニケーション障害に対する新しい情報伝達モデル」『福岡教育大学障害児治療教育センター年報』11：81-84．

渡部信一．2001 a．「障害児の言語獲得：自閉症を中心に」辻幸夫（編）『ことばの認知科学事典』，272-86．東京：大修館書店．

渡部信一．2001 b．『障害児は「現場」で学ぶ：自閉症児のケースで考える』東京：新曜社．

渡部信一．2002．「コミュニケーション障害から見た脳と身体」『月刊言語』31(7)：22-29．東京：大修館書店．

渡部信一．2003．「自閉症児教育とロボット開発の交差点」藤原和博（編）『人生の教科書：ロボットと生きる』，76-81．東京：筑摩書房．

渡部信一（編著）2004．『自閉症児の育て方：笑顔で育つ子どもたち』京都：ミネルヴァ書房．

渡部信一・為川雄二．2005．「全学規模による大学院講義のインターネット配信：東北大学」吉田文・田口真奈・中原淳（編）『大学 e ラーニングの経営戦略』，129-51．東京：東京電機大学出版局．

東　洋．1994．『日本人のしつけと教育』東京：東京大学出版会．

安西祐一郎．1986．『知識と表象：人工知能と認知心理学への序説』東京：産業図書．

生田久美子．1987．『「わざ」から知る』東京：東京大学出版会．

生田久美子．2001．「職人の「わざ」の伝承過程における「教える」と「学ぶ」：独自の「知識観」「教育観」をめぐって」茂呂雄二（編著）『実践のエスノグラフィ』東京：金子書房．

石井威望．1995．『ウインドウズ 95 から始まる完熟ネットワーク社会』東京：徳間書店．

稲垣佳世子・波多野誼余夫．1989．『人はいかに学ぶか』東京：中央公論社．

今田寛．1996．『学習の心理学』東京：培風館．

梅本堯夫・大山正（編）1994．『心理学史への招待』東京：サイエンス社．

岡田美智男．1995．『口ごもるコンピュータ』東京：共立出版．

熊谷高幸．1993．『自閉症からのメッセージ』東京：講談社．

黒崎政男．1991．『ミネルヴァのふくろうは世紀末を飛ぶ』東京：弘文堂．

黒崎政男．1997．『カオス系の暗礁めぐる哲学の魚』東京：NTT 出版．

黒崎政男．2002．『デジタルを哲学する：時代のテンポに翻弄される〈私〉』PHP 新書．東京：PHP．

小関智弘．1985．『鉄を削る』東京：太郎次郎社．

小関智弘．1987．『鉄を読む』東京：晩聲社．

小松和彦・荒俣宏．1987．『妖怪草紙』東京：工作舎．

佐伯胖．1999．『マルチメディアと教育』東京：太郎次郎社．

高木光太郎．1996．「実践の認知的所産」波多野誼余夫（編）『認知心理学 5：学習と発達』東京：東京大学出版会．

田中優子．1988．『江戸の音』東京：河出書房新社．

田中優子．1993．『江戸はネットワーク』東京：平凡社
谷口正和．1999．『デジタル感性：21 世紀の感性，21 世紀の社会』東京：産業大学出版部．

辻本雅史．1999．『「学び」の復権』東京：角川書店．

中村雄二郎．1992．『臨床の知とは何か』岩波新書．東京：岩波書店．

中山茂．2000．『20・21 世紀科学史』東京：NTT 出版．

西岡常一．1993．『木のいのち木のこころ：天』東京：草思社．

橋田浩一．1994．『知のエンジニアリング：複雑性の地平』徳島：ジャストシステム．

ヘイズ，マッカーシー・松原仁．1990．『人工知能になぜ哲学が必要か：フレーム問題の発端と展開』東京：哲学書房．

ペンフィールド，ワイルダー．1987．『ワイルダー・ペンフィールド自叙伝』古和田正悦（訳）東京：西村書店．

McLuhan, M., and E. McLuhan. 1988. *Laws of media: The new science*. Tronto: University of Toronto Press.（高山宏（監修）2002.『メディアの法則』東京：NTT 出版.）

Milner, B. 1966. Amnesia following operation on the temporal lobes. In *Amnesia*, ed. C. W. M. Whitty and O. L. Zangwill, 112-15. London: Butterworth.

Milner, B., S. Corkin, & H. L. Teuber. 1968. Further analysis of the hippocampal amnesic syndrome: 14 year follow-up study of H. M. *Neuropsychologia* 6: 215-34.

Morgan, C. L. 1894. *An introduction to comparative psychology*. London: Walter Scott.

Newell, A. 1973. Production systems: Model of control structures, In *Visual information processing*, ed. W. G. Chase, 463-526. N. Y.: Academic Press.

Nisbett, R. E. 2003. *The geography of thought*. N. Y.: Simon and Schuster.（村本由紀子（訳）2004.『木を見る西洋人　森を見る東洋人』東京：ダイヤモンド社.）

Norman, D. A. 1982. *Learning and memory*. San Francisco, CA.: W. H. Freeman and Company.（富田達彦（訳）1984.『認知心理学入門：学習と記憶』東京：誠信書房.）

Levinson, P. 1999. *Digital McLuhan: A guide to the information millennium.* London: Routledge.（服部桂（訳）2002.『デジタル・マクルーハン：情報の千年紀へ』東京：NTT 出版.）

Rumelhart, D. E. 1977. *Introduction to human information processing*. N. Y.: John Wiley & Sons, Inc.（御領謙（訳）1977.『人間の情報処理：新しい認知心理学へのいざない』東京：サイエンス社.）

Shiffrin, R. M., and R. C. Atkinson. 1969. Storage and retrieval processes in long-term memory. *Psychological Review* 76: 179-93.

Skinner, B. F. 1938. *The behavior of organisms: An experimental analysis.* N. Y.: Appleton-Century-Crofts.

Skinner, B. F. 1961. Teaching machines. *Scientific American* 205 (11): 90-102.

Skinner, B. F. 1971. *Beyond freedom and dignity*. N. Y.: Knopf.

Suchman, L. A. 1987. *Plans and situated actions*. Cambridge: Cambridge University Press.（佐伯胖（監訳）1999.『プランと状況に埋め込まれた行為』東京：産業図書)

Treffert, D. A. 1989. *Extraordinary people: Understanding "idiot savants."* N. Y.: Harper & Row.（高橋健次（訳）1999.『なぜかれらは天才的能力を示すのか』草思社.）

Watson, J. B. 1930. *Behaviorism*. Rev. ed. Chicago: The University of Chicago Press.

主要参考・引用文献

Baron-Cohen, S. 1995. *Mindblindness: An essay on autism and theory of mind*. Cambridge, MA.: Bradford Books.（長野敬・今野義孝・長畑正道（訳）1997.『自閉症とマインド・ブラインドネス』東京：青土社.）

Baron-Cohen, S., A. M. Leslie, and U. Frith. 1978. Mechanical, behavioural and intentional understanding of picture stories in autistic children, *British Journal of Developmental Psychology* 4: 113-25.

Buckley, K. W. 1989. *Mechanical man: John Broadus Watson and the beginnings of behaviorism*. N.Y.: Guilford Press.

Capra, F. 1982. The turning point: Science, society, and the rising culture. Boston: Simon and Schuster.（吉福伸逸・田中三彦・上野圭一・菅靖彦（訳）1984.『ターニング・ポイント』東京：工作舎.）

Clarke, A. C. 1968. *2001：A space odyssey*, London: Hutchinson/ Star.（伊藤典夫（訳）1993.『2001年宇宙の旅』ハヤカワ文庫. 東京：早川書房.）

Condon, W. S. 1976. An analysis of behavioral organization. *Sign Language Studies* 13: 285-318.

Darwin, C. 1874. *The descent of man*. 2nd ed. London: John Murray.（池田次郎・伊谷純一（訳）1979.「人類の起源」今西錦司（編）『ダーウィン』東京：中央公論社.）

Dreyfus, H. L. 2001. *On the Internet*. London: Routledge.（石原孝二（訳）2002.『インターネットについて：哲学的考察』東京：産業図書.）

Feigenbaum, E. A. 1963. The simulation of verbal learning behavior. In *Computers and thought*, ed. E. A. Feigenbaum and J. Feldman, 297-309. N.Y.: McGraw-Hill.

Hall, E. T. 1983. *The dance of life: The other dimention of time.* N. Y.: Anchor Press/Doubleday.（宇波彰（訳）1983.『文化としての時間』東京：TBSブリタニカ.）

Khodarkovsky, M., and L. Shamkovich. 1997. *A new era: How Garry Kasparov changed the world of chess.* N. Y.: Ballantine Books.（高橋啓（訳）1998.『人間対機械：チェス世界チャンピオンとスーパーコンピュータの闘いの記録』東京：毎日コミュニケーションズ.）

Lave, J., and E. Wenger. 1991. *Situated learning*. Cambridge: Cambridge University Press.（佐伯胖（訳）1993.『状況に埋め込まれた学習：正統的周辺参加』東京：産業図書.

［著者略歴］

渡部信一（わたべ・しんいち）

1957年仙台市生まれ。

東北大学教育学部卒業、同大学院教育学研究科前期課程修了。博士（教育学）。

東北大学大学院教育学研究科助教授などを経て、現在、東北大学大学院教育情報学研究部教授。

専門は、認知科学、障害児心理学。

主な著書に『鉄腕アトムと晋平君―ロボット研究の進化と自閉症児の発達』（ミネルヴァ書房）、『障害児は「現場」で学ぶ』（新曜社）、編著書に『自閉症児の育て方』（ミネルヴァ書房）、『こころと言葉の相談室』（ミネルヴァ書房）などがある。

ホームページ：http://www.ei.tohoku.ac.jp/watabe/

〈認知科学《にんちかがく》のフロンティア〉

ロボット化《か》する子《こ》どもたち――「学《まな》び」の認知科学《にんちかがく》

NDC141／239p／20cm

初版第1刷――2005年11月20日

第2刷――2012年10月20日

著　者――――渡部信一《わたべしんいち》

発行者――――鈴木一行

発行所――――株式会社**大修館書店**

〒113-8541 東京都文京区湯島2-1-1

電話 03-3868-2651 販売部／03-3868-2293 編集部

振替 00190-7-40504

［出版情報］http://www.taishukan.co.jp

装丁者――――中村友和

印刷所――――壮光舎印刷

製本所――――牧製本

ISBN 978-4-469-21300-3　Printed in Japan